INFLATION

MELANIE REICHERT

INFLATION

Ästhetische Intervention und die Kommodifizierung des Politischen

Textem Verlag

Kleiner Stimmungs-Atlas in Einzelbänden
Hg. Nora Sdun, Gustav Mechlenburg
Gestaltung: Christoph Steinegger/Interkool

Bd. 36 I – Inflation
Melanie Reichert

Druck: Kerschoffset d.o.o.
ISBN 978-3-86485-312-8
www.textem-verlag.de

Gefördert von der Kursbuch Kulturstiftung,
dem Alumni und Freunde der CAU e.V. sowie dem PostDoc
Zentrum der Christian-Albrechts Universität zu Kiel.

Alumni und Freunde der CAU e.V.

INHALT

»Der Dissens ist im Herzen der Politik.«[1]

1) Jacques Rancière: *Der emanzipierte Zuschauer*, aus dem Französischen von Richard Steurer-Boulard, 2. Aufl., Wien 2015, S. 73

I VORBEMERKUNG

Die folgenden Überlegungen behandeln die ästhetischen Manifestationen feministischer Anliegen, etwa in Sprache, Mode oder Werbung. Dieser Text widmet sich also nicht nur verbal ausgetauschten Argumenten, sondern allem, was wir körperlich-sinnlich wahrnehmen können: Gegenständen, Gesten, Symbolen, Inszenierungen, aber auch Erwartungen, Hoffnungen und Intuitionen. Dabei gehe ich grundsätzlich davon aus, dass im Ästhetischen eine subversive Kraft sowie ein Wissen darum liegt, dass alle kulturellen Übereinkünfte fundamental fragwürdig sind. Damit meine ich, dass sie niemals endgültig festgeschrieben sind und somit immer herausgefordert werden können. Deshalb kann es feministischen Interventionen über ästhetische Strategien auch gelingen, Keile in vermeintliche Selbstverständlichkeiten zu treiben.

Allerdings entspringen die folgenden Zeilen auch einem Unbehagen.[2] Dreh- und Angelpunkt dieses

2) Angestoßen wurde dieses Unbehagen während meiner Forschungen zum Verhältnis von Theater und Kritik im Rahmen eines Stipendiums der Gesellschaft für Theaterwissenschaft im Jahr 2016. Im Rahmen des von Anne Döring 2019 initiierten Projekts *Eine gewisse Liebe zur Symmetrie* (in Zusammenarbeit mit der Künstlerin Marlene Denningmann) konnte ich diesem Unbehagen weiter nachgehen. Das vorliegende Buch ist die Summe dieser Auseinandersetzungen.

Unbehagens ist der Eindruck, dass ästhetische Strategien der Unterbrechung zunehmend an die Stelle herkömmlicher politischer Strategien – etwa Abstimmungen, Gesetzesinitiativen, Streiks, Verteilungskämpfe – treten. Hinter dieser Verlagerung verbirgt sich eine unausgesprochene und wohl auch nur halb bewusste Erwartung oder auch Hoffnung, komplexe politische Probleme seien über Konsumentscheidungen, sprachliche Formulierungen und Codierungen von Alltagsgegenständen zu lösen. Damit dringt die Erwartung der gesellschaftlichen Transformationskraft schließlich in jeden Winkel des menschlichen Tuns vor. Die Anfang der 1970er Jahre im Zuge der zweiten Welle der Frauenbewegung gewonnene, enorm wichtige Einsicht »Das Private ist politisch« scheint in der Behauptung »Alles ist politisch« aufgegangen zu sein. Von hier aus stellt sich mir die Frage, ob diese Inflation des Politischen nicht vielmehr ein Ende des Politischen bedeutet und in Kommunikations- und Handlungsunfähigkeit gipfelt: Wird das Etikett »politisch« und die mit ihm verbundene Wirksamkeitserwartung auf jede Facette des menschlichen Handelns, Denkens und Fühlens applizierbar, ist bald alles und nichts mehr politisch. Es löst die Verpflichtung zum politischen Handeln nachgerade auf, da man sich nun guten Gewissens auf Fragen der individuellen Lebensgestaltung konzentrieren kann.

Ausgehend von Beobachtungen im Kontext feministischen Denkens und Wollens widmet sich dieser Text im Folgenden daher einer größeren gesellschaftlichen Tendenz der spätkapitalistischen Gegenwart seit den 1970er/80er Jahren. Diese zeichnet sich in den letzten Jahren durch eine massive Präsenz sozialer Medien wie Twitter/X, Instagram oder TikTok aus, die jeden Winkel des Lebens und Denkens teil- und bewertbar machen. In dieser mediatisierten Gegenwart ist das Politische kommodifiziert.

II VON DER KRAFT DES DIFFUSEN ZUR POLITISIERUNG DES SINNLICHEN

Nach jahrhundertelangen Kämpfen ist feministisches Denken anscheinend im Mainstream angekommen: Wir sprechen darüber, wir tragen und verbreiten Zeichen dieses Denkens. Es hält in seinen unterschiedlichen Traditionen und Auslegungen Einzug in Sprache, Gesten, soziale Medien und das »Universum der Dinge«[3]: So wurde vor einiger Zeit auf einer Dior-Show ein Shirt mit der Aufschrift »We should all be feminists«[4] präsentiert, auf Etsy sind Starbucks-Becher mit Venuszeichen erhältlich[5], und die Firma Katjes nimmt ihre Kundinnen auf der Rückseite des »Sheroes-Mix« gleich ins Kreuzfeuer mehrerer politisch-moralischer Anliegen:

> »Wissenschaftlerin, Astronautin oder Feuerwehrfrau: Frauen können alles. (…) Diese Hommage an die Heldinnen des Alltags ist der erste vegane Mix aus Fruchtgummi, Lakritz und Schaumzucker! Egal ob veganes Fruchtgummi oder Lakritz: Hier ist einfach für jeden das Richtige dabei! Und das Beste: Unsere Sheroes sind nicht nur vegan (…), sondern sind seit 2021 auch klimaneutral (…). Bestell dir direkt online deinen veganen Katjes Mix zum Teilen mit deinen Freunden oder ganz für dich allein und feiere gemeinsam mit uns die Frauen als Heldinnen!«[6]

Eine solche Sichtbarmachung feministischer Themen funktioniert im Wesentlichen durch Irritation: Wenn auf dem Dior-Shirt, dem Starbucks-Becher oder der Fruchtgummitüte ein feministischer Appell auftaucht, sind die Erwartungen an eine Modenschau, einen Kaffeebecher oder einen Zuckerexzess für einen kurzen Moment gebrochen – weil hier erst mal niemand damit gerechnet hätte, mit politischen Themen konfrontiert zu werden. Gleiches gilt für das Tragen schwarzer Kleidung im Zeichen der #metoo- und Time's-up-Kampagnen bei den Hollywoodpreisverleihungen im Jahr 2018[7]

3) Konrad Paul Ließmann: *Das Universum der Dinge. Zur Ästhetik des Alltäglichen*, Wien 2010

4) https://www.dior.com/de_de/fashion/products/213T03TA001_X0200-we-should-all-be-feminists-t-shirt-baumwolljersey-und-leinen-in-weiss, außerdem https://media.allure.com/photos/58b61a6592c932531c4a73a5/4:3/w_2983,h_2237,c_limit/GettyImages-611641446.jpg, beides abgerufen am 7. 3. 2024

5) https://www.etsy.com/de/listing/728403077/boss-babe-starbucks-cup-frauen, abgerufen am 5. 7. 2022. (Der Becher ist mittlerweile nicht mehr verfügbar.)

6) https://shop.katjes.de/products/sheroes-mix?gclid=EAIaIQobChMIx8vZg43h-AIVAZBoCR3PNgKMEAAYAiAAEgIkR_D_BwE#more, Hervorhebungen im Original, abgerufen am 5. 7. 2022. Der Text auf der Packung ist mittlerweile ein anderer. (Auch die Hervorhebungen)

7) https://www.vogue.de/lifestyle/artikel/golden-globes-schwarz (abgerufen 7. 3. 2024). Dass Modenschauen und

sowie für Formen sprachlicher Intervention, etwa der gendergerechten Sprache.

Freilich war auch der Kaffee im Starbucks-Becher niemals einfach nur ein Kaffee. Er ist aufgeladen mit den Bedeutungen eines bestimmten Lifestyles, mit Erzählungen von Flexibilität, Geschwindigkeit, Genuss immer und überall, und vielem mehr. Wenn nun aber plötzlich auch noch ein Venuszeichen auf dem Becher abgebildet ist, ein Symbol für weitere Narrative – von Weiblichkeit, Körper, Identität, Begehren, Freiheit –, die obendrein noch weniger mit Kaffee zu tun haben als das Narrativ von Erfolg durch immer und überall möglichen (Koffein-)Konsum, dann bedeutet die Politisierung des Alltags mindestens eine Komplexitätssteigerung, da hier mehrere Themen gleichzeitig auftauchen und sich gegenseitig stören:

Der ruhige Fluss des Selbstverständlichen, der es uns erlaubt, unseren Alltag zu bewältigen, wird hier erst einmal unterbrochen, da ein bestimmter kultureller Kontext – der Cafébesuch, die Hollywoodveranstaltung – mit einem anderen Kontext – dem der politischen, gar feministischen Debatte – verschränkt wird. Damit steht die politische Aufladung von Alltagsgegenständen in der Tradition der künstlerischen Avantgarde: Sie funktioniert wie das Verfremdungstheater Bertolt Brechts durch Montage. Gegenstände des einen Kontextes – etwa der feministische Slogan – werden in einen anderen Kontext – die Modenschau – montiert. Diese Störung kann produktiv sein: Sie ermöglicht einen

Bruch in der Wahrnehmungsgewohnheit. Diese Strategie funktioniert aber nur, weil nicht »alles irgendwie politisch« ist, sondern wir sehr genau – wenn auch unausgesprochen – die Kontexte, Bedeutungs- und Erwartungsebenen unterscheiden. Weil die Modenschau eben kein politischer Kontext im herkömmlichen Sinne und das Dior-Shirt kein klassischer politisch aufgeladener Gegenstand – wie etwa das Wahlplakat – ist, kann sich der Bruch in der Wahrnehmung überhaupt erst ereignen. Dass derartige Verfremdungseffekte überhaupt funktionieren, bedeutet also im Umkehrschluss zunächst einmal, dass nicht »alles politisch« ist.

Die symbolische Aufladung von Alltagsgegenständen birgt subversives Potenzial. Solche Störungen

Preisverleihungen für politische Statements genutzt werden, ist nicht neu, wie das Beispiel Marlon Brandos zeigt. Anstatt Brando erschien die Aktivistin Sacheen Littlefeather zur Oscarverleihung im Jahr 1973, um auf den Kampf des American Indian Movement (AIM) aufmerksam zu machen (nebenbei sei bemerkt, und in unserem Zusammenhang nicht uninteressant, dass Sacheen Littlefeather, die in traditioneller Apachenkleidung auftrat und einem Disney-Film entsprungen schien, eine Hochstaplerin war, die die Rolle der indigenen Aktivistin nur spielte, in Wahrheit aber mexikanische Vorfahren hatte). Mir geht es hier vor allem darum, den Wahrnehmungsbruch zu beschreiben, der sich dabei einstellen mag – und der sich freilich abnutzt, je öfter derartige symbolische Aufladungen in unerwarteten Kontexten vorkommen.

machen nämlich plötzlich zwei Dinge sichtbar, die vorher unsichtbar waren: zum einen die jeweilige, eigentlich unpolitische Alltagssituation, die aufgrund ihrer Selbstverständlichkeit bisher nicht distanziert betrachtet wurde, und zum anderen die feministische Denkweise, die vorher keinen Platz im Kontext eben jener Situation hatte und sich nun durch Einsprengsel hereindrängt. Sei es zur Aufwertung einer Marke oder aus aufklärerischem Kalkül, in jedem Fall ist diese Markierung bewusst gesetzt. Beides, der Alltag wie die feministische Markierung, fallen in der Kombination erst auf und können so reflektiert werden. Auf dieser Ebene vermag die symbolische Intervention also tatsächlich etwas zu leisten: Indem sie Aufmerksamkeit erzeugt und Reflexion ermöglicht, zielt sie auf die Bedingungen der Möglichkeit, dass etwa Gesetze und Verteilungsentscheidungen überhaupt erst im Sinne feministischer Anliegen angewandt und gefällt werden. Das geschieht nämlich immer vor dem Hintergrund unserer kulturellen und subjektiven Verfasstheit, also unserer Selbstverständlichkeiten und unserer unausgesprochenen Übereinkünfte, auf die wir uns aus Gewohnheit verlassen. Ohne eine Erschütterung würden wir all das nicht bemerken. Ästhetische Strategien der Unterbrechung – ob feministisch aufgeladen oder nicht – ermöglichen eine kurze Distanzierung vom Alltagsgeschehen. Sie können als eine emanzipatorische Schule der Wahrnehmung aufgefasst werden, denn sie ermöglichen ein Erwachen aus den Routinen des Alltags und erlauben so, die Veränderbarkeit der Zustände zu erkennen: »Jeder sollte sich von sich selber entfernen. Sonst fällt der Schrecken weg, der zum Erkennen nötig ist«, schreibt Brecht.[8]

8) Bertolt Brecht: *GBA 21*, S. 280

III VON DER POLITISCHEN DIFFERENZ ZUR INFLATION DES POLITISCHEN

Alltagsgegenstände werden zunehmend mit alternativen Bedeutungen aufgeladen, um gesellschaftlich zu intervenieren. Diese Entwicklung steht in einem größeren kulturellen und geschichtlichen Zusammenhang. Die Inflation des Politischen, die sich über diese Aufladung von Alltagsgegenständen vollzieht, korrespondiert zum Teil mit einer Unterscheidung, die philosophisch unter dem Schlagwort der politischen Differenz verhandelt wird. Die politische Differenz unterscheidet die Politik vom Politischen. Dieses von Hannah Arendt, Carl Schmitt, Claude Lefort und Cornelius Castoriadis behandelte Theorem wurde besonders von der französischen Philosophie seit den 80er Jahren weiter ausgearbeitet, prominent von Philippe Lacoue-Labarthe, Jean-Luc Nancy und Jacques Rancière.[9] Hier werden zwei Sphären emphatisch unterschieden: erstens die Sphäre der Politik, »der im Machbaren befangenen Ordnung des Empirischen«[10], zu der etwa die institutionalisierte Politik, der Polizeiapparat, die Legislative und der Behördenapparat gehören und die tendenziell als Sphäre der Unterdrückung vorgestellt wird. Zweitens die Sphäre des Politischen, also »das – nicht näher bestimmte – ›Sein‹ des Politischen«, das sich eben nicht in Fragen der Organisation erschöpft und das daher eine potenzielle Widerständigkeit birgt.[11]

Das Konzept der politischen Differenz ergibt sich aus den historischen Verwerfungen des 20. Jahrhunderts: Versuche, überzeitliche Identitäten und Wertmaßstäbe festzusetzen, kulminierten in den europäischen Diktaturen mit ihren Engführungen der Subjekte auf »Rasse« und Klasse. Dies war die mörderische Kehrseite eines ins Extrem getriebenen essenzialistischen Denkens. Auch die Brüchigkeit vermeintlich stabiler und überzeitlicher Werte – etwa der Menschenwürde – wurde evident. Besonders mit den Erfahrungen des Nationalsozialismus geriet die vermeintlich objektive diskursive Vernunft immer tiefer in die Krise, dienten sich doch nicht nur die politischen Institutionen, sondern auch die Wissenschaften dem Regime an. Daher wurde der Glaube an eine überzeitliche, objektiv urteilende Menschenvernunft von den Theoretikern der Frankfurter Schule, besonders Theodor W. Adorno und Max Horkheimer, als Ideologie entlarvt, die im Zweifel das Unrecht stützt.[12] Damit war die institutionelle Politik sowie das auf Identitäten zulaufende essenzia-

9) Hierzu Thomas Bedorf: »Das Politische und die Politik. Konturen einer Differenz«. In: Thomas Bedorf, Kurt Röttgers (Hg.): *Das Politische und die Politik*, Frankfurt am Main 2010, S. 15

10) Bedorf: »Das Politische«, S. 14

11) Ebd., S. 14

12) Vgl. Theodor W. Adorno und Max Horkheimer: *Dialektik der Aufklärung. Philosophische Fragmente.* 3. Aufl. Frankfurt am Main 1996

listische Denken korrumpiert.[13] Beide waren nicht in der Lage, dem menschenverachtenden Regime etwas entgegenzusetzen – im Gegenteil. Aus dieser bestürzenden Erfahrung ergaben sich zwei Fragen: erstens die Frage nach dem Spezifischen »der Politik«, nach ihrer Verfasstheit und nach den Hoffnungen, die man in sie setzen durfte. Zweitens – und damit eng verbunden – die Frage nach alternativen Formen gesellschaftlicher Gestaltung jenseits der institutionellen Machtapparate.

Die politische Aufladung von Alltagsgegenständen und Alltagsperformances betrachte ich auch als ein Ergebnis der zweiten Frage. Sie korreliert mit der Hoffnung auf die emanzipatorische Kraft der Kunst, die besonders seit dem 18. Jahrhundert gehegt wurde. Dass ästhetische Phänomene, allen voran die Kunst, gesellschaftliche Wirkung entfalten können, ist ein recht alter Gedanke, der besonders in Zeiten gesellschaftlicher Umbrüche mal mehr, mal weniger radikal formuliert wird.[14]

Im 20. Jahrhundert zeigt sich an Surrealismus, Futurismus und Situationismus, dass die Sphäre des Ästhetischen von Künstlern und Philosophen mit Hoffnungen auf Intervention und Transformation besetzt wird. In Komplizenschaft von Kunst, Ethnologie und Psychoanalyse werden – oft marxistisch inspiriert[15] – zunehmend auch profane Alltagsdinge als bedeutungsgeladene ästhetische Phänomene ernst genommen und bisweilen als Träger bestimmter politischer Agenden und Ideologien verdächtig: Roland Barthes etwa zeigt, wie in der Werbung für

Anti-Falten-Cremes Vorstellungen von Schönheit und Glätte mit der Sehnsucht nach moralischer Reinheit korrespondieren – wohlgemerkt im Frankreich der 1950er Jahre, das die Kollaboration des Vichy-Regimes mit den Nationalsozialisten nur allzu gern ausblendete.[16]

13) Hannah Arendt verweist allerdings auch darauf, dass »[d]ie Vorurteile (…) gegen Politik, die Vorstellung, daß Politik im Innern ein Gewebe aus Lug und Trug von schäbigen Interessen und schäbigerer Ideologie ist, während Außenpolitik zwischen leerer Propaganda und nackter Gewalt hin- und herschwankt«, keine spezifischen Phänomene der zweiten Hälfte des 20. Jahrhunderts, sondern »erheblich älteren Datums« sind. Hannah Arendt: *Was ist Politik? Fragmente aus dem Nachlaß*, Ursula Ludz (Hg.). 7. Aufl., München 2020, S. 15 f.

14) Beispiele, mit denen sich diese Geschichte erzählen ließe, wären etwa die ethisch fundierte Poetik des Aristoteles, Platons Theaterfeindlichkeit im Dialog *Der Staat*, Friedrich Schillers Briefe *Über die ästhetische Erziehung des Menschen*, Voltaires Dramen, Nietzsches Artistenmetaphysik, die Theaterentwürfe Brechts und Artauds sowie zuletzt prominent die *documenta fifteen*.

15) Ein prominentes Beispiel ist die surrealistische Gruppe um André Breton, die über die Frage, ob man sich der kommunistischen Bewegung anschließen solle, in Streit geriet.

16) Hierzu vgl. Roland Barthes: *Mythen des Alltags*, 4. Aufl., Berlin 2016, S. 107–109, sowie als aktuelle Analyse Wolfgang Ullrich: *Wahre Meisterwerte. Stilkritik einer neuen Bekenntniskultur*, Berlin 2017

Dieses Misstrauen gegenüber dem fraglosen So-sein der Dinge, der alltäglichsten Gegenstände, schlägt zuletzt um in eine Hoffnung: Wenn wir immer schon ideologisch beeinflusst sind von den Dingen, die uns umgeben, ist es da nicht naheliegend, die Dinge kurzerhand mit neuen Bedeutungen aufzuladen, auf dass emanzipatorische Anliegen von der ästhetischen Ebene aus in die Gesellschaft strahlen? Wenn unsere Einstellungen gar nicht ausschließlich aus intellektueller Einsicht, sondern aus unserem alltäglichen Hantieren mit ideologisch aufgeladenen Objekten – etwa Kosmetikartikeln, Kleidung oder Geld – resultieren, sollte deren quasi-magisches Potenzial dann nicht für die gesellschaftliche Transformation, für den großen Gegenmythos fruchtbar gemacht werden?

Rancière denkt das Politische nicht als institutionelle, sondern als ästhetische Tätigkeit, welche die etablierte Bedeutungsordnung durchkreuzt:

> »Die Politik ist (…) nicht vorrangig die Ausübung der Macht oder der Kampf um die Macht. Ihr Rahmen ist nicht die Definition der Gesetze und der Institutionen. Die erste politische Frage ist die, welche Gegenstände und welche Subjekte von diesen Institutionen und Gesetzen betroffen sind, welche Formen von Beziehungen eigentlich eine politische Gemeinschaft bestimmen, welche Gegenstände diese Beziehungen betreffen, welche Subjekte fähig sind, diese Gegenstände zu bezeichnen und darüber zu diskutieren. Die

Politik ist zuerst die Tätigkeit, die die sinnlichen Rahmenbedingungen neu gestaltet. Sie bricht mit der sinnlichen Offensichtlichkeit der ›natürlichen Ordnung‹ (...)«[17]

Folgt man Rancière, lässt sich die Annahme, die Welt der Dinge besitze eine politisch-interventive Potenz, insofern radikalisieren, als nun das »wahrhaft Politische« nicht (nur) in den Institutionen gefunden wird, sondern vor allem (!) im Alltag. So findet sich bei Rancière eine Auseinandersetzung mit einem Bericht über den Alltag eines französischen Arbeiters, der 1848 in einer revolutionären Arbeiterzeitung veröffentlicht wurde. Beschrieben wird der zufällige Moment, in dem der Arbeiter von seiner Tätigkeit aufsieht und aus dem Fenster blickt. Dieser Augenblick durchbricht das ökonomische Regime, dem sein arbeitender Körper unterworfen ist:

> »Dieser Blick, der sich von den Händen trennt und den Raum ihrer unterworfenen Tätigkeit teilt, um darin einen Raum freier Untätigkeit abzugrenzen, definiert (...) den Zusammenprall von zwei Sensorialitätsordnungen. (...) Das bedeutet, mit der Aufteilung zwischen denen zu brechen, die der Notwendigkeit der Arbeit der

17) Rancière, *Der emanzipierte Zuschauer*, S. 73. Für Rancière sind das Politische und die Kunst darin verwandt, dass sie beide den Dissens stiften können (vgl. ebd.).

> Arme unterworfen sind, und denen, die über die Freiheit des Blicks verfügen.«[18]

Diese Wahrnehmungsverschiebung lässt sich mit Rancière als Urszene des Politischen begreifen. Auf dieses Phänomen zielt, denke ich, die Aufladung von Alltagsgegenständen mit politischen Gehalten. Die aisthetische Veränderung, die Veränderung im sinnlichen Wahrnehmen also, kann im Anschluss an Rancière mit dem Politischen identifiziert werden. Das heißt dann in der Konsequenz: Auch politisches Engagement beginnt bereits auf Ebene der Wahrnehmung.

Diese Aufladung des Ästhetischen ist kein neues Phänomen: Immer schon hatten politische Bewegungen ihre Erkennungszeichen und Symbole, so die phrygische Mütze der französischen Revolutionäre, die Stoffrosetten der Suffragetten oder die braunen Hemden der Nationalsozialisten. Gegenwärtig ist allerdings zu beobachten, wie sich das Feld der Alltagsgewohnheiten mehr und mehr zum pseudo-politischen Gestuarium, einem Reservoir an Gesten und Gewohnheiten verwandelt. Die Komplexität des feministischen Diskurses und der Rechtfertigungskampf seiner Anliegen etwa werden aufgelöst von der reinigenden Kraft der die Gesellschaft überspülenden, rasch wechselnden Trends und aufgehoben in der edlen Einfalt der Symbole: »Wear the change«, ruft mir in der U-Bahn ein Jutebeutelaufdruck zu. Na dann, auf zu Dior, um ein 750 €-T-Shirt[19] zu erstehen – weil wir es uns wert sind.[20]

In der Art, wie man spricht, wie man sich gibt und wie man konsumiert, bekennt man sich:

> »Jeder will sich wieder und wieder bekennen, noch ein paar Werte für sich entdecken, den materiellen Wohlstand so weit wie möglich in einen immateriellen Wohlstand umwandeln und endlos viel gutes Gewissen genießen.«[21]

Was im Kontext feministischer Gesellschaftskritik geschieht, ist also Teil einer allgemeinen Tendenz der zunehmenden Politisierung des Alltags. Diese ist besonders deutlich ablesbar an sozialen Medien, die schon allein aufgrund ihrer technischen und ästhetischen Struktur jede Äußerung in ein Plakat verwandeln und damit Bekenntnisdruck erzeugen. Man überlässt sich bei dieser Politisierung nicht mehr der Zufälligkeit des abschweifenden Blicks, auf die die Politizität des Rancièreschen Arbeiters angewiesen ist. Man greift nun durch Sprache, Social Media, Kaufentscheidungen, Kunstkonsum und weitere Alltagsperformances scheinbar aktiv in die

18) Ebd., S. 75 f.

19) https://www.dior.com/de_de/fashion/products/213T03TA001_X9000-we-should-all-be-feminists-t-shirt-baumwolljersey-und-leinen-in-schwarz, abgerufen am 8. 3. 2024

20) https://www.loreal-paris.de/50-jahre-weil-wir-es-uns-wert-sind, abgerufen am 8. 3. 2024

21) Ullrich: *Wahre Meisterwerte*, S. 159

Ordnungen des Symbolischen – hier verstanden als das Politische – ein. Man hofft, auf diese Weise das gesellschaftliche Machtgefüge verändern zu können, indem etwa bestimmte Probleme breitere Aufmerksamkeit erfahren, alternative Weltinterpretationen sichtbar werden und auch Unternehmen durch Konsumentscheidungen zu »ethischeren« Produktionsweisen gezwungen werden.

Diese Entwicklung kann man als aufklärerischen Siegeszug interpretieren, als Symptom der Vollendung des Mündigkeitsanspruchs[22], den die Moderne an den Menschen stellt, als Demokratisierung von Transformation und Teilhabe, die nicht länger nur einer kleinen, die Lebensumstände der Masse gestaltenden Elite vorbehalten sind. Bei dieser Interpretation jedoch erfasst mich ein gewisses Unbehagen angesichts des Optimismus, mit der symbolische Interventionen gegenüber juristischen oder ökonomischen bevorzugt[23] werden. Setzungen passieren ja bekanntlich niemals nur argumentativ, sondern im Wesentlichen performativ. So lässt sich die Setzung eines Primats symbolischer Intervention schlicht daran erkennen, dass diese Interventionen geschehen – während gleichzeitig die Bereitschaft, sich in herkömmlichen, demokratisch fundierten politischen Institutionen wie Parteien oder Gewerkschaften zu engagieren, abnimmt und die Beteiligung in Vereinen und Bürgerverbänden schwindet.[24]

Mein Unbehagen läuft nicht darauf hinaus, symbolischen Interventionsformen wie Sprachperformances oder Mode schlicht Dekadenz zu unterstellen, wie es etwa Tradition linker und rechter Kunstverachtung ist.[25] Es beruht auf dem Verdacht, dass es sich bei der beschriebenen Entwicklung nicht um einen Siegeszug, sondern um den Ausdruck einer strukturellen Verwechslung handelt. Ich behaupte, dass es sich bei der Politisierung des Alltags in Wahrheit um eine Inflation des Politischen handelt, die »das Politische« zunehmend entwertet. Diese Inflation – also die mit den Alltagsperformances implizierte Annahme, »alles« sei politisch – baut,

22) Ich spreche von Mündigkeitsanspruch, da die Moderne sich dadurch auszeichnet, dass in ihr die großen Legitimationsinstanzen – etwa Religion oder Wissenschaft – in eine Krise geraten sind. Der Mensch der Moderne sieht sich deshalb vor die Herausforderung gestellt, die Kriterien seiner Urteile und Entscheidungen selbst zu entwickeln.

23) So schreibt etwa Jutta Georg-Lauer: »Wenn wir die Dispositive betrachten, in denen die Frauen real unterdrückt sind, oder die ihrer Unterdrückung Vorschub leisten, so muß an erster [sic!] Stelle die *Sprache*, unser Symbolsystem genannt werden.« Jutta Georg-Lauer: »Frauen leben länger, aber wovon?«, in: *Postmoderne und Politik*, Hg. dies., Tübingen 1992, S. 115

24) https://www.destatis.de/DE/Service/Statistik-Campus/Datenreport/Downloads/datenreport-2021-kap-11.pdf?__blob=publicationFile, abgerufen am 9. 5. 2024

25) Hierzu Theodor W. Adorno: »Engagement«, in: *Gesammelte Schriften*, Hg. Rolf Tiedemann unter Mitwirkung von Gretel Adorno u. a., Bd. 2: *Noten zur Literatur*, 4. Aufl., Frankfurt am Main 1996, S. 409–430

wie bereits gezeigt, gerade auf einer strukturellen Verschiedenartigkeit der ästhetisch-symbolischen und der politisch-diskursiven Sphäre[26] auf. Wäre dies nicht der Fall, würde uns der Slogan »We should all be feminists« auf dem Dior-Shirt gar nicht weiter auffallen, er würde also ins Leere laufen. Ich behaupte darüber hinaus, dass diese Differenz vom inflationsmäßigen Aufkommen derartiger symbolischer Interventionen unterschlagen wird. Und schlussendlich behaupte ich, dass mit der Inflation des Politischen eine Kommodifizierung des Politischen einhergeht, die politisches Denken und Urteilen in eine kapitalistische Warenlogik überführt.

Ich folge damit Jürgen Habermas in seiner Diagnose der »Angleichung politischer Programme an Unterhaltungs- und Konsumangebote«, und ich teile ganz klar die Beobachtung der Entpolitisierung, die er und andere seit Längerem machen.[27] Ich frage darüber hinaus nach den Gründen dieser Entwicklung im 20. Jahrhundert und denke, dass die von Habermas beschriebene Entpolitisierung auch mit der spezifischen strukturellen Beschaffenheit ästhetischer Erfahrungen verknüpft ist.

Die Inflation des Politischen trägt schließlich dazu bei, tatsächliche Veränderungen zu vereiteln. Denn im ästhetischen Spektakel, in der zur Schau gestellten pseudopolitischen Pose kann man sich sowohl gut verschanzen wie auch verlieren – was sowohl Produzentinnen als auch Konsumentinnen betrifft. In der Welt des Spektakels reicht es, wahrgenommen und empfunden zu haben: Wenn man nur genug reflektiert und gefühlt hat, hat man bereits etwas getan. Intensität der Empfindung wird mit Handlung verwechselt. Barthes hat dieses Phänomen schon in den 50er Jahren erkannt und die ästhetischen Interventionen der französischen Kunstavantgarde als bürgerlichen »Impfstoff« gegen gesellschaftliche Veränderung bezeichnet:

> »Man inokuliert der Tradition ein wenig Fortschritt, einen rein formalen übrigens, und schon ist die Tradition gegen den Fortschritt immun (…).«[28]

Elena Zanichelli aktualisiert diese Beobachtung im Kontext des gegenwärtigen Feminismus:

> »Ein aktuell verstärkt zu beobachtendes Phänomen ist beispielsweise, dass Forderungen oder Statements der historischen Frauenbewegungen

26) Hierzu auch Jacques Rancière: *Das Unvernehmen. Politik und Philosophie*, aus dem Französischen von Richard Steurer, 7. Aufl., Frankfurt am Main 2018, S. 44

27) Hierzu Jürgen Habermas: *Ein neuer Strukturwandel der Öffentlichkeit und die deliberative Politik*, Berlin 2022, S. 57 ff.

28) Roland Barthes: »Die Avantgarde als Impfstoff«. In: Ders., *»Ich habe das Theater immer sehr geliebt, und dennoch gehe ich fast nie mehr hin.« Schriften zum Theater*, Hg. Jean-Loup Rivière, übersetzt von Dieter Hornig, Berlin 2001, S. 125

eine neuartige, bisweilen glamouröse Konjunktur erfahren, indem sie über Hashtagging, popkulturelle Musikvideoclips oder modische T-Shirt-Aufschriften geteilt werden. Wird auf diese Weise eine Aufwertung weiblicher Erfahrungen quasi ex ovo behauptet und mit dem Rückgriff auf historische Vorbilder wie die Female Imagery der 1970er Jahre als neue Tendenz gefeiert, so muss sich frau unweigerlich die Frage stellen, inwiefern die Wiederkehr des Feminismus qua Feminität als Wandel eines Diversity-Diskurses oder doch bloß als neuer Standard im Sinne einer authentizitätsversprechenden neoliberalistischen Flexibilisierungsmaxime zu verstehen ist.«[29]

Kritische und subversive Gesten können zur leeren Routine verkommen, in der »höchstens [noch] reflektiert, aber weder gehandelt noch geändert«[30] wird. Das Dior-Shirt erzeugt einen Aha-Effekt; über Instagrammability geht das Tragen eines bedruckten Kleidungsstücks letztlich aber nicht hinaus. Subversion trendet.

29) Elena Zanichelli: »Einleitung. Ein feministisches Glossar, oder: Getting the #feminism you deserve«. In: FKW // Zeitschrift für Geschlechterforschung und visuelle Kultur, Nr. 70, 2022, S. 10

30) Arendt, *Was ist Politik?*, S. 26

IV VON DER ESSENZIALISIERUNG ZUR TECHNOKRATIE (UND ZURÜCK)

Es gibt unterschiedliche Antworten auf die politischen Herausforderungen des 20. und 21. Jahrhunderts. Die erste Antwort ist die Essenzialisierung: Das Theorem der politischen Differenz behauptet, dass es jenseits der institutionalisierten Politik »das Politische« als Sphäre des Widerstands und der emanzipatorischen Hoffnung gibt. Die zweite Antwort auf die beschriebenen Herausforderungen bietet die Technokratie, das heißt die Tendenz zur verwaltungsmäßigen Abwicklung politischer Fragestellungen. Dazu gehört die Ablösung des Feudalismus durch die Bürokratie (Karl Marx) oder die »Entwicklung der Politik zu einem ›Betrieb‹« (Max Weber).[31] Für Arendt entspringt diese Entwicklung vor allem aus der Furcht vor der Auslöschung der Menschheit durch die Atombombe:

> »Hinter den Vorurteilen gegen Politik [steht] heute (…) die Hoffnung, die Menschheit werde ein Einsehen haben und, statt sich selbst, die Politik aus dem Wege räumen, und zwar durch eine Weltregierung, die den Staat in eine Verwaltungsmaschine auflöst, politische Konflikte unbürokratisch erledigt und die Armeen mit Polizeitruppen ersetzt.«[32]

Auf Identitäten und Werte kann man sich nicht mehr widerspruchsfrei berufen. Zum einen, weil sie durch die Erfahrungen des Nationalsozialismus moralisch korrumpiert sind. Zum andern gehen, so denke ich, mit überzeitlichen und daher nicht verhandelbaren Werten und Identitäten Begrenzungen einher, die dem Bedürfnis eines entfesselten Neoliberalismus nach unendlicher Dynamik und Austauschbarkeit entgegenstehen. Es bleibt, mit Arendt, das bloße, an Statistiken und Verwaltungsmechanismen orientierte Machen. Dieses trägt dazu bei, dass »das Politische überhaupt aus der Welt verschwindet«.[33] Verloren geht hier der von allen geteilte öffentliche Raum als Ort der Diskussion und der kritischen Teilhabe:

> »[D]ie bürokratische Herrschaft, die Herrschaft durch die Anonymität des Büros, ist nicht weniger despotisch, weil ›niemand‹ sie ausübt; im Gegenteil, sie ist eher noch furchtbarer, weil mit diesem Niemand niemand reden und vor ihm vorstellig werden kann.«[34]

31) Karl Marx: *Der achtzehnte Brumaire des Louis Bonaparte.* In: *Marx-Engels-Werke*, hg. vom Institut für Marxismus-Leninismus beim ZK der SED, Bd. 8, Berlin 1960, S. 204. Max Weber: *Politik als Beruf*, Stuttgart 2019, S. 25

32) Arendt, *Was ist Politik?*, S. 14

33) Ebd., S. 13

34) Ebd.

Verdrängt werden zudem all jene Bestandteile des menschlichen Lebens, die sich nicht in die Logik der Verwaltung, die eine Logik der Kalkulation und Vermessung ist, einfügen. Es gehört zu den Glaubenssätzen dieser Logik, dass »die Praxis des Messens« die »Einlösung eines Versprechens«[35] bietet, des Versprechens nämlich, die Welt endlich so erkennen zu können, wie sie ist, und sie dadurch beherrschbar zu machen. Die Entlastungsfunktion dieses Glaubens basiert auf der Verheißung, nicht mehr entscheiden zu müssen, was das Beste sei, sondern ausrechnen zu können, was das Beste ist. Regieren bedeutet dann, sich ausschließlich an Statistiken und quantifizierbarer wissenschaftlicher und ökonomischer Expertise zu orientieren. Andere Formen der Expertise – seien es solche, die nicht wissenschaftlich sind, wie die Kunst, oder die wissenschaftlich, aber nicht oder nur begrenzt quantifizierbar sind, wie Philosophie, Psychologie oder Kulturwissenschaften – werden nicht gehört.

Schauen wir von hier aus noch einmal auf die Unterscheidung von Politik und Politischem: Diese stellt der blinden, profitzentrierten Geschäftigkeit in den politischen Institutionen die Frage nach dem eigentlichen Wesen des Politischen entgegen. Das Politische wird hier als »gemeinsamer Austausch ohne Identität und repräsentierende Gestalt«[36] gedacht. Dass es für die politische Philosophie notwendig ist, eine Abgrenzung des Politischen vom bürokratischen Despotismus der Politik vorzunehmen, leuchtet ein. Jedoch muss sich auch die emphatische Fokussierung auf ein »eigentlich« Politisches letztlich der seit Friedrich Nietzsche etablierten Metaphysikkritik stellen: Die Tabula rasa, das neutrale, vorkulturelle Irgendwo – und sei es auch »nur« metaphysisch gedacht –, ist eine vormoderne Illusion.

Selbst wenn Philosophen wie Nancy davon sprechen, dass der Raum des Politischen ein Raum der Differenzen, der Unterschiedlichkeit der Standpunkte ist, der sich nie verwirklichen wird[37], so spielt die Konzeption doch letztlich auf einen alten Traum an: einen Ort ganz außerhalb der eigenen Kultur und Geschichte zu haben. Auch die Ontologie, also die Lehre vom Sein (des Politischen) an sich, ist immer situiert, also nie neutral. Die Annahme, es gebe neben der Politik also ein im eigentlichen Sinn Politisches, entspricht letztlich der alten metaphysischen wie messianischen Vorstellung einer überzeitlichen Wahrheit, die in den Dingen (noch) verborgen liegt und die Nietzsche kritisierte:

> »Doch man wird es begriffen haben, worauf ich hinaus will, nämlich (...) dass auch wir Erkennenden von heute, wir Gottlosen und Antime-

35) Ralf Konersmann: *Welt ohne Maß*, Frankfurt am Main 2021, S. 17

36) Michael Hirsch: »Der symbolische Primat des Politischen und seine Kritik«. In: *Das Politische und die Politik*, Hg. Thomas Bedorf und Kurt Röttgers: Frankfurt am Main 2010, S. 335–363, hier S. 338

37) Ebd., S. 344

> taphysiker, auch unser Feuer noch von dem Brande nehmen, den ein Jahrtausende alter Glaube entzündet hat, (...) dass Gott die Wahrheit ist, dass die Wahrheit göttlich ist (...).«[38]

Ironischerweise läuft der Traum vom »gemeinsame[n] Austausch ohne Identität und repräsentierende Gestalt« doch wieder auf vormoderne Essenzialismen hinaus, also auf Vorstellungen von Unverfälschtheit und Unberührtheit. Es ist der Traum von einem Paradies, in dem nichts erklärungsbedürftig ist. Und zuletzt bleibt zu fragen, ob die Rede vom ewig aufgeschobenen Raum des Politischen nicht gerade dazu einlädt, die Zustände so zu belassen, wie sie sind. Wenn Nancy etwa von einem Raum der Differenzen spricht, der sich nie verwirklichen wird, dann wird fraglich, welchen Stellenwert real existierende Differenzen – etwa zwischen arm und reich – haben und wie sie sich überhaupt noch artikulieren lassen.

Wie gesagt: Die Vorstellung der politischen Differenz kann in einem bestimmten historischen Augenblick als ein wichtiges Korrektiv der qualitätslosen, nur an Quantität orientierten Technokratie wirken. Aber das Rad der Geschichte dreht sich weiter, auch die Bedeutungen einst erfolgreicher Theoreme verschieben sich oder schlagen möglicherweise sogar um in das, was sie einmal verworfen haben. Es bleibt daher im Sinne der Dialektik zu fragen, wie die in diesen Theorien aufbewahrten Vorstellungen derzeit wirken, wo sie hilfreich sind und was sie preisgeben.

Jacques Derrida hat vor einer voreiligen Übertragung der Dekonstruktion in unseren Alltag gewarnt: Die Dekonstruktion sei zuallererst eine radikale und subversive akademische Methode, »ein besondere[r] intellektuelle[r] Habitus, der sich am Rand aufhält«.[39] Am Rand, wohl gemerkt! Derridas Warnung vor einer fraglosen Übertragung eines akademischen Randdiskurses in unseren Alltag lässt sich möglicherweise auf die Unterscheidung von Politik und Politischem anwenden. Wenn das Politische keinen Ort mehr kennt und völlig losgelöst von konkreten Kulturtechniken der Subjektivierung, des Zusammenkommens, Verhandelns und Verteilens gedacht wird, dann kann tatsächlich jeder Gegenstand und jede Handlung als politisch aufgefasst werden, weil die Unterscheidung von Politischem und Unpolitischem nicht mehr möglich ist. Alles ist politisch. Die Parole der Stunde würde dann nur das Offensichtliche aussprechen; der Begriff selbst fiele in sich zusammen.

Sieht man sich aber an, wie diese Möglichkeit überhaupt in die Welt gekommen ist, so muss man diese Parole korrigieren: Alles wird politisch. Die

38) Friedrich Nietzsche: *Die fröhliche Wissenschaft*, Kritische Studienausgabe Hg. Giorgio Colli und Mazzino Montinari, Bd. 3., 9. Aufl., München 2015, S. 577

39) Hierzu Alexander Demirović: »Freiheit oder Die Dekonstruktion des Politischen. Ein Plädoyer für Kritik«. In: *Postmoderne und Politik*, Hg. Jutta Georg-Lauer, Tübingen 1992, S. 121–143, hier S. 138

Dinge sind nicht einfach von sich aus politisch, sondern sie werden in Instrumente des Politischen verwandelt.[40] Für das Universum der Alltagsdinge heißt das: Sie werden zu politisch-moralischen Fetischen. Dass Dinge irgendetwas von sich aus sind oder bedeuten, ohne unser Zutun, ist ein Irrtum, dem Karl Marx ein ganzes Buchkapitel gewidmet hat. Im Kapital heißt es dazu:

> »Um daher eine Analogie zu finden, müssen wir in die Nebelregion der religiösen Welt flüchten. Hier scheinen die Produkte des menschlichen Kopfes mit eignem Leben begabte, unter einander und mit den Menschen in Verhältniß stehende selbstständige Gestalten. So in der Waarenwelt die Produkte der menschlichen Hand. Dieß nenne ich den Fetischismus, der den Arbeitsprodukten anklebt, sobald sie als Waaren producirt werden, und der daher von der Waarenproduktion unzertrennlich ist.«[41]

Indem wir alle Dinge, auch Gegenstände, als politisch begreifen, machen wir sie zu Fetischen – wir tun so, als würde ihnen von ganz allein eine quasi übernatürliche Gestaltungsmacht zukommen, auf deren Entfaltung man sich verlassen kann. Zu dieser objektifizierten Religiosität schreibt Barthes:

> »Man darf nicht vergessen, daß das Objekt der beste Bote des Übernatürlichen ist: Gerade im Objekt liegt die Vollkommenheit und zugleich

die Abwesenheit eines Ursprungs, eine Geschlossenheit und ein Glanz, eine Verwandlung des Lebens in Materie (Materie ist viel magischer als das Leben), kurz, eine Stille, die zum Reich des Wunderbaren gehört.«[42]

Essenzialismus und Kapitalismus gehen hier einmal mehr eine unheilvolle Allianz ein. Die Essenzialisierung des Politischen erlaubt es, ob gewollt oder nicht, alle möglichen Dinge in politisch-moralische Fetische zu verwandeln. Dann aber kann man »politische« Positionen kaufen. Sie sind vollständig verdinglicht, sie können erworben, gehandhabt und entsorgt werden.

In der Behauptung, alle Dinge (und alles Sprechen) seien im Kern politisch, liegt die seltsame Ironie der politischen Differenz verborgen: Es handelt sich bei dieser Behauptung um einen Essenzialismus unserer Zeit – welche die Essenzialismen, also Annahmen eines wahren Wesens der Dinge und Menschen, eigentlich überwunden glaubte.

40) Diesen Umstand hat auch Rancière erkannt, er hält jedoch an der politischen Differenz fest, vgl. *Das Unvernehmen*, S. 44

41) Marx: *Das Kapital. Kritik der politischen Ökonomie Bd. I*, In: *Marx-Engels-Werke*, Hg. Institut für Marxismus-Leninismus beim ZK der SED, Bd. 23, Berlin 1960, S. 72

42) Barthes, *Mythen des Alltags*, S. 196 f.

V WARUM SYMBOLISCHE INTERVENTION FUNKTIONIEREN KANN: ALLTAG UND KULTUR

Die Politisierung des Alltags lebt davon, Dingen ihre Beiläufigkeit zu nehmen – etwa indem alltägliche Gegenstände wie Kleidungsstücke mit politischen Botschaften versehen werden. Hierbei zeigt sich, dass diese Beiläufigkeit tatsächlich keine Eigenschaft der Dinge ist. Sie ist lediglich eine Art und Weise, in der die Dinge erscheinen, weil auf eine wiederum sehr bestimmte Art und Weise mit ihnen umgegangen wird. Diese Art und Weise des Umgehens ist das Selbstverständliche. In diesem Modus ist Kultur gleichsam Reflex – und somit sehr schwer zu beeinflussen. Wenn wir die Beschaffenheit des Selbstverständlichen tiefer untersuchen, zeigt sich, was politisch gemeinte Strategien des Ästhetischen – etwa das Shirt mit dem feministischen Slogan – konkret bedeuten, was sie leisten können und wo sie scheitern müssen.

Das sogenannte Selbstverständliche wird seit Langem schon einiger Kritik unterzogen: Als unterdrückerische Macht verhindert es die freie Entfaltung von Subjektivität; es ist niemals so neutral, wie es sich gibt, sondern das Ergebnis von Setzungen. Das Entscheidende ist, dass wir uns beim Selbstverständlichen überhaupt nicht anstrengen müssen. So muss ich bei einer Interaktion in einem Geschäft weder die Bedeutung von

Geld noch von Sätzen wie »Danke, ich hab alles« erklären – obwohl man über beides staunen könnte. Befragt man diese Selbstverständlichkeiten, zeigt sich, dass die Dinge, die uns umgeben, nicht einfach so da sind. Sie sind vielmehr immer schon aufgeladen mit Bedeutung und beeinflussen dadurch unser Welt- und Selbstbild.

Die Schwierigkeit, dem Selbstverständlichen etwas entgegenzusetzen, besteht nicht etwa darin, dass dieses mit Gewalt durchgesetzt wird. Es ist viel tückischer: Das Selbstverständliche bietet maximale Entlastung bei der Bewältigung unseres Lebens und bleibt dabei selbst unsichtbar. »[W]er mißtraut dem, was ihm vertraut ist?«[43], fragt Brecht. Das Phänomen »Alltag« beruht darauf, dass wir Dinge selbstverständlich und damit Ausdrücklichkeit überflüssig werden lassen und so ein übersubjektives verlässliches Netz aus Gewohnheiten etablieren.

Den Kosmos an Bedeutungen, der sich aus der Arbeit an und mit dem Selbstverständlichen ergibt, nenne ich Kultur. Diese ist nicht etwas, das man hat, sondern etwas, das man tut. Sie ist ein Horizont aus Geschichte und Geschichten, Traditionen, Konventionen und auf sie bezogene Praktiken der Selbstvergewisserung, Orientierung und Lebensbewältigung. Wie jeder Horizont lässt er sich verschieben, denn alle kulturellen Praktiken spielen sich immer in der Perspektive eines nur »hypothe-

43) Brecht, *GBA 23*, S. 81

tischen Gesamtzusammenhang[s]«[44] ab. Dinge selbstverständlich werden zu lassen ist fundamentaler Teil dieser Praxis, die die Grenzen dessen, was wir »Alltag« nennen, immer wieder neu zieht.

Selbstverständlichkeiten und Routinen funktionieren als Leistungen der Alltagsbewältigung und Orientierung ganz hervorragend. Sie sind für uns zwar unsichtbar, aber nicht folgenlos. »Kultur ist, was man außerdem macht: ›Handlungsnebenfolge‹«[45] – darin liegt ihre Stärke.

Damit antworten ästhetische Interventionen, wie etwa das Dior-Shirt oder der Kaffeebecher mit Venussymbol, tatsächlich auf eine sehr ernst zu nehmende Schwierigkeit: Jeder gesellschaftliche Transformationsanspruch hat es mit dem aufzunehmen, was ich die Beiläufigkeit des Kulturellen nenne. Diese Beiläufigkeit begegnet uns in Gestalt des Selbstverständlichen, der Routinen und Reflexe. Der Status quo verfestigt sich zu einem großen Teil auf halb- und vorbewussten Ebenen.

Auch Begriffe wie »rape culture« versuchen seit einiger Zeit, genau diese Schwierigkeit auf den Punkt zu bringen: Die Schwierigkeit einer »Vergewaltigungskultur« besteht eben darin, dass das Verbrechen nicht nur Sache einzelner Psychopathen oder kaltblütiger Berechnung ist, worauf auch Germaine Greer[46] verweist. Vielmehr liegen der Vergewaltigung häufig bestimmte Vorannahmen über Männer und Frauen, ihre Verhaltens- und Wahrnehmungsweisen sowie deren Verantwortlichkeit zugrunde. Dazu gehören etwa die Vorstellungen, Männer könnten ihren Sexualtrieb nicht kontrollieren, hätten ein Recht auf Sex oder Frauen forderten durch freizügige Kleidung oder ihr Verhalten zum Übergriff auf.

Dass in jeder Diskussion um sexuelle Grenzüberschreitungen reflexartig eine Mitschuld des mutmaßlichen Opfers angenommen wird, zeigte sich z. B. 2023 eindrucksvoll in der Debatte um Rammsteinsänger Till Lindemann.[47] Interessanterweise wurde dann auch genau diese Reflexhaftigkeit und intellektuelle Bequemlichkeit der Online-Kommentarspalten in einer Serie von Memes[48] persifliert: Lindemann war zu diesem Zeitpunkt gerade Opfer eines Einbruchs geworden. Dieser Vorfall veranlasste einige User, die Doppelmoral der Täter-Opfer-Umkehr mit den Mitteln des Kontextbruchs durch Übertragung des einen Themas auf das andere vor Augen zu führen:

44) Konersmann: »Kultur als Metapher«. In: *Kulturphilosophie*, Hg. ders., Leipzig 1996, S. 327–354, hier S. 328

45) Konersmann, »Kultur als Metapher«, S. 327

46) Vgl. Germaine Greer: *On Rape*, London u. a. 2018

47) Mir geht es hier nicht um die Frage, ob die Vorwürfe zutreffend sind, sondern um das reflexhafte Urteilen im öffentlichen Diskurs und die Vorhersehbarkeit der Denkmuster.

48) https://www.instagram.com/p/CvmeYNaI8fx/?utm_source=ig_embed&ig_rid=035d468a-9512-4e43-9eb2-fa878b090742&img_index=3, abgerufen am 18. 3. 2024

»Er hätte einfach laut und deutlich ›Nein‹ sagen sollen, woher sollen die Einbrecher sonst wissen, dass er nicht möchte.«[49]

»In der Wohnungsszene ist das doch völlig normal und gehört einfach dazu, dass eingebrochen wird, das sollte einem klar sein, wenn man einzieht.«[50]

»Das kann ja jeder behaupten, außerdem hat er quasi dazu eingeladen, indem er Türen eingebaut hat, durch die man potenziell durch kann.«[51]

»Ich habe den Einbrecher bei einer Veranstaltung kennenlernen dürfen und wir hatten ein ganz tolles Gespräch. Keine Spur von einem Einbruch bei mir.«[52]

Ich halte es für entscheidend, zu verstehen, dass »Kultur« – und sei es »Vergewaltigungskultur« – niemals ein rein intelligibles System voller bewusster Entscheidungen ist, sondern dass sie auch auf Emotionen, Assoziationen und Begehren[53] fußt und diese wiederum formt.[54]

Es ist also kaum verwunderlich, dass unsere sexuelle Kultur – damit meine ich die Selbstverständlichkeiten, Routinen und Reflexe, die unsere Geschlechterverhältnisse auf geistiger und körperlicher Ebene strukturieren – mitunter nicht zur rechtlichen Gleichstellung der Geschlechter passt.[55] Gesetze kann man viele erlassen – ob diese Gesetze aber umfassend wirken und ob die Einzelsubjekte sie zur Kenntnis nehmen, steht auf einem anderen Blatt.

Interventionen in den öffentlichen Diskurs wie zum Fall Lindemann funktionieren nicht etwa argumentativ, sondern zeigend. Sie vermögen es, Vor- und Halbbewusstes sowie Wahrnehmungsroutinen und Urteilsreflexe sichtbar zu machen. Um es mit Routinen und Reflexen aufzunehmen, scheint es kaum verwunderlich, ja sogar mehr als passend, wenn die feministische Aktion nicht etwa formell-diskursive, sondern informelle ästhetisch-symbolische Strategien, wie etwa die Störung, mobilisiert, um die Kluft zwischen rechtlicher und faktischer Gleichstellung zu schließen.

49) https://www.tag24.de/unterhaltung/promis/till-lindemann/till-lindemann-nach-einbruch-verspottet-haette-einfach-laut-und-deutlich-nein-sagen-sollen-2916910, abgerufen am 18. 3. 2024

50) Ebd.

51) https://www.t-online.de/region/berlin/id_100221296/till-lindemann-einbruch-bei-rammstein-saenger-er-hat-dazu-eingeladen-.html, abgerufen am 18. 3. 2024

52) Ebd.

53) Hierzu besonders Amia Srinivasan: *The Right to Sex*, London 2021, S. 93 ff.

54) Siehe auch Melanie Reichert: *Kultur in Stücken. Barthes, Brecht, Artaud*, Bielefeld 2020, S. 238 ff.

55) Hierzu auch Amia Srinivasan, *The Right to Sex*

VI WARUM SYMBOLISCHE INTERVENTION SCHEITERN KANN: KULTUR ALS ÄSTHETISCHES SYSTEM

Im Prozess der Kultur bilden sich Bedeutungen aus, die zu Selbstverständlichkeiten werden. Ins Umfeld des Selbstverständlichen gehören die Konvention und die Routine, all das, was man eben macht. Das Selbstverständliche erhält sich durch Praktiken der Wiederholung, dadurch, dass man im Handeln und Sprechen darauf Bezug nimmt – etwa auf die Behauptungen, Care-Arbeit falle Frauen leichter, Frauen seien emotionaler und verständnisvoller, sie interessierten sich nicht für Politik und Geld oder sie hätten keinen Humor. So kommt es, dass das, was eigentlich Produkt eines menschengemachten Prozesses ist, den Status einer Naturerscheinung erreicht: Es ist gewordener Reflex, gewordene Intuition – und als solche wesentlich Manifestation im Ästhetischen.

Dieses wiederum strukturiert unseren Alltag und unsere Träume, unser Selbstverhältnis, unser Verhältnis zur Welt und zu anderen. In Bedeutungssystemen artikulieren sich Machtstrukturen. Pierre Bourdieu führt das Phänomen des bildungsbürgerlichen Habitus nicht etwa auf überlegte Entscheidungen von Mitgliedern des jeweiligen Milieus zurück. Vielmehr basiert der Habitus auf einem Gefühl von »Vertrautheit«[56], das durch verschiedene Gesellschaftsinstitutionen vermittelt wird. So ist man beispielsweise mit der Atmosphäre eines

Museums oder den Gepflogenheiten von Theaterbesuchen in einem selbstverständlichen (!) Maße vertraut – man beherrscht die Codes. Nun sind Codes eben keine Argumente, sie sind »Gliederungssysteme«.[57] Ihre Leistung besteht darin, dass man sie nicht erklären muss, damit sie funktionieren. Sie sind eine Mischung aus Verkürzung und Verdichtung, die nur auf Basis eines spezifisch Diffusen und Uneindeutigen, also Offenen, entstehen kann. Barthes spricht vom bürgerlichen Mythos – der eine Form des Codes ist – als Nebel:

> »Er ist eine Art Spiralnebel, die mehr oder weniger unbestimmte Kondensierung eines Wissens. Seine Elemente sind durch assoziative Beziehungen miteinander verknüpft. Er wird nicht durch Ausdehnung, sondern durch Dichte getragen (…).«[58]

Dieses assoziative Verknüpfen kann nur deshalb funktionieren, weil Gegenstände prinzipiell mit Bedeutung aufladbar sind. Und das sind sie, weil sie sinnlich verfasst sind. Beispiele dafür, dass Kultur etwas Sinnliches ist, nämlich eine Prägung von Bedeutung im Ästhetischen, sind in Archäologie, Psychoanalyse, Kulturwissenschaft und Philosophie

56) Pierre Bourdieu: *Zur Soziologie der symbolischen Formen*, Frankfurt am Main 1974, S. 185, Herv. i. O.

57) Bourdieu, *Zur Soziologie,* S. 170

58) Barthes, *Mythen des Alltags*, S. 103

vielfach beschrieben worden. Barthes dokumentiert die Nebensächlichkeiten, in denen sich diese machtvolle Prägung und symbolische Aufladung manifestiert:

> »Das Beefsteak gehört zu der selben Blutmythologie wie der Wein. (...) Das Essen eines blutigen Beefsteaks ist (...) zugleich ein natürlicher und ein moralischer Akt. Sämtliche Temperamente kommen dabei offenbar auf ihre Kosten; die Sanguiniker finden darin, was ihnen gleicht, und die Nervösen und Phlegmatiker, was ihnen fehlt. Und ebenso wie der Wein für nicht wenige Intellektuelle zu einer vermittelnden Substanz wird, die sie zur Urteilskraft der Natur zurückführt, wird ihnen auch das Beefsteak zu einem erlösenden Nahrungsmittel, mit dem sie ihre Intellektualität trivialisieren und, dank dem Blut und dem weichen Fleisch, die sterile Dürre bannen, die man ihnen fortwährend zum Vorwurf macht.«[59]

> »Wie man weiß, ist das Glatte immer ein Attribut der Vollkommenheit, weil sein Gegenteil den technischen und sehr menschlichen Vorgang der Bearbeitung verrät: Der heilige Rock Christi war ungenäht, so wie das makellose Metall der Science-fiction-Raumschiffe keine Schweißnähte kennt. Mit der DS beginnt eine neue Phänomenologie der exakten Passung (...), als ginge man (...) über in eine Welt fugenlos gefügter

> Elemente (...), was natürlich die Vorstellung einer unbeschwerten Natur wecken soll.«[60]

> »So ist das Plastik nicht nur eine Substanz, es ist die Idee ihrer unendlichen Transformation; es ist (...) die sichtbar gemachte Allgegenwart. (...) Zugleich ändert sich die angestammte Funktion der Natur; sie ist nicht mehr die Idee, die reine Substanz, die es wiederzufinden oder nachzuahmen gilt; eine künstliche Materie, ein Kunststoff, reicher als alle natürlichen Vorkommen der Welt, wird an ihre Stelle treten (...). Ein Luxusobjekt (...) erinnert stets auf kostbare Weise seinen mineralischen oder animalischen Ursprung. Plastik geht ganz in seinem Gebrauch auf (...).«[61]

Anders als bei Barthes ist der Habitus für Bourdieu, wie schon erwähnt, kein Kalkül, sondern ein Gefühl der Vertrautheit. Nun gehört es aber zu unser aller Alltagserfahrung, dass gerade Gefühle und Assoziation nichts sind, was sich letztgültig vorschreiben lässt. Zu sehr reiben sich die individuelle Lebenserfahrung und der wahrgenommene Gegenstand. Es mag Routinen des Wahrnehmens und Fühlens geben, aber es gibt immer auch Ausfälle, Missverständnisse, Sackgassen. Kunstformen wie die Parodie oder das offen ausgestellte Scheitern reflektieren die

59) Ebd. S. 100 f.

60) Ebd. S. 196 f. Mit DS ist der damals neue Citroën gemeint.

61) Ebd. S. 223 ff.

Möglichkeit, dass Gegenstände und Körper kulturelle Erwartungen sprengen. Für Judith Butler beispielsweise besteht die subversive Kraft des Drag in der performativen Sichtbarmachung genau dieses Spalts zwischen Subjekt und Bedeutungssystem.

Butler bestimmt Drag als eine Form der Subversion mit den Mitteln der Parodie. Im Drag werden nämlich Geschlechterstereotype stark überzeichnet. Damit wird zum einen darauf verwiesen, dass Mannsein und Frausein niemals einfache natürliche Kategorien sind, sondern dass sie zu einem großen Teil (möglicherweise komplett[62]) auf gesellschaftlichen Konventionen beruhen. Das beständige Wiederholen von »männlichen« oder »weiblichen« Verhaltensweisen, das sogenannte *doing gender*, zementiert eine bestimmte Geschlechtsidentität: Vereinfacht gesagt sind Mannsein und Frausein – nach Butler – verfestigte Routinen des Handelns, Denkens und Fühlens. In diesen routinierten Handlungen, Gedanken und Empfindungen orientieren wir uns an tradierten Vorstellungen davon, was ein Mann und was eine Frau typischerweise ist. Allerdings gibt es keinen einzigen Menschen auf der Welt, der diesem Idealbild vollkommen entspricht. Insofern kann Butler behaupten, dass der Geschlechterperformance – also der wiederholenden Bezugnahme auf Männlichkeits- und Weiblichkeitsvorstellungen – das Scheitern inhärent ist. Egal, wie sehr wir es versuchen, wir werden das Idealbild eines Mannes oder einer Frau niemals akkurat reproduzieren können. Wir scheitern also an den Rollen, die die Gesellschaft für uns vorgesehen hat.[63] Das ist die Tragikomik der Geschlechter und zugleich die Möglichkeit für künstlerische Strategien wie Drag, die bestehende Ordnung zu subvertieren. Im Drag wird das immerwährende und unhintergehbare Scheitern an der eigenen Geschlechterrolle ausgestellt, und damit wird dieser Rolle zugleich das Schicksalshafte genommen: Geschlecht ist – für jeden von uns – nur eine Rolle. Es wird die Möglichkeit angedeutet, dass man auch anders sein könnte.[64] Letztlich arbeitet auch Drag, wenn man die Strategie so versteht wie Butler, mit einem Verfremdungseffekt[65], der eine weitergehende Reflexion der menschlichen Möglichkeiten erlaubt:

62) Es gibt eine sehr große Debatte, ob Butlers Philosophie der Geschlechterdifferenz in den 1990er Jahren radikalkonstruktivistisch war. Aus Gründen des Umfangs verweise ich hier nur auf die einschlägige Anthologie: *Der Streit um Differenz. Feminismus und Postmoderne in der Gegenwart*, Hg. Seyla Benhabib u. a., Frankfurt am Main 1995. Es sei erwähnt, dass Butler mit ihrem Buch *Körper von Gewicht* auf die Kritik an ihrer Philosophie reagiert, vgl. Judith Butler: *Körper von Gewicht. Die diskursiven Grenzen des Geschlechts*. Übersetzt von Karin Wördemann, Frankfurt am Main 1997

63) Vgl. Judith Butler: *Das Unbehagen der Geschlechter*. Frankfurt am Main 1990, S. 198–208

64) Ebd. S. 201 ff.

65) Brecht entwickelt sein Konzept der Verfremdung nicht zuletzt in Auseinandersetzung mit der asiatischen

> »Die Möglichkeiten zur Veränderung der Geschlechtsidentität sind gerade in [der] arbiträren Beziehung zwischen den Akten zu sehen, d. h. in der Möglichkeit, die Wiederholung zu verfehlen bzw. in einer De-Formation oder parodistischen Wiederholung, die den phantasmatischen Identitätseffekt als eine politisch schwache Konstruktion entlarvt.«[66]

Dass dieser Spalt – die Möglichkeit, zu verfehlen – überhaupt existiert, liegt daran, so denke ich, dass Bedeutung nicht nur intellektuell, sondern auch sinnlich verfasst ist: Zeichen, also Träger von Bedeutungen, bestehen aus einer intelligiblen und einer materiellen Seite. Es gibt eine Idee hinter dem Dior-Shirt und dann das konkrete Shirt selbst, sein Material, seine Farbe und so weiter, also die Dimension des Sinnlichen. Die sinnliche Dimension von Bedeutung ist eine Quelle der Subversion: Der konkrete Gegenstand kann sich seiner zugedachten Bedeutung entziehen, wenn sich seine sinnliche Seite verselbstständigt. Es ist möglich, dass ich von einem materiellen Detail eines Gegenstands so sehr fasziniert bin, dass der Bedeutungszusammenhang, in dem dieser Gegenstand mir begegnet, in den Hintergrund tritt.[67] Die Subversion kann hier in alle möglichen Richtungen laufen.

Für das feministische Anliegen hinter dem Dior-Shirt ergibt sich daraus ein Problem: Durch die Kommodifizierung des Politischen wird die Warenwelt mit übernatürlichem Wesen ausstaffiert. Diese

Fetische können wir beschwören und unsere Hoffnung auf Veränderung in sie legen. Und es kann durchaus etwas passieren, ich kann von der Fashion Week abgelenkt werden und plötzlich über Gleichberechtigung nachdenken. Den Fetischen wohnt also durchaus eine gewisse Macht inne, aber sie sind ein chaotisches Völkchen. Es kann nämlich auch passieren, dass sich die Widerspenstigkeit des Sinnlichen gegen das politische Vorhaben selbst richtet – dass ich beispielsweise von der Farbe eines Shirts so hingerissen bin, dass ich den aufgedruckten Slogan gar nicht wahrnehme.[68]

Das ist die untilgbare Ambivalenz der ästhetischen Subversion: Alle Gegenstände können Assoziationen, Emotionen und Erinnerungen wecken. Und eben darin sind und bleiben sie

Bühnenkunst. Über die Darstellung im chinesischen Theater schreibt er: »Alltägliche Dinge werden durch diese Kunst aus dem Bereich des Selbstverständlichen gehoben.« (*GBS 22.1*, S. 152)

66) Butler, *Das Unbehagen*, S. 207

67) Hierzu siehe auch Reichert, *Kultur in Stücken*, S. 165–176 und S. 240 ff.

68) Das Zurücktreten der Bedeutung der Schrift hinter dem reinen ästhetischen Eindruck ist ein zunächst avantgardistisches Motiv in Theater, Malerei und Zeichnung. Es findet sich später prominent etwa in den Malereien Cy Twomblys. Geradezu vermainstreamt haben es dann Modemarken wie Camp David (https://www.campdavid-soccx.de/herren/, abgerufen am 18. 3. 2024)

ziemlich unberechenbar. Für ästhetische Interventionstechniken bedeutet das, dass man nie weiß, ob die anvisierten Effekte tatsächlich eintreten werden; ob ein feministisches Symbol auf einem Kaffeebecher oder einem Shirt tatsächlich etwas zur Emanzipation beiträgt, ob es also verstanden wird.

Kulturelle Transformationen können daher auch nicht nach dem Top-Down-Prinzip durchgesetzt werden: »Was er webt, das weiß kein Weber«, so fasst Georg Simmel diese Paradoxie aus schöpferischer Kontrolle und Kontrollverlust zusammen.[69]

69) Georg Simmel: »Der Begriff und die Tragödie der Kultur«. In: Ders.: *Gesamtausgabe* Bd. 14, Hg. Rüdiger Kramme und Otthein Rammstedt, Frankfurt am Main 1996, S. 407

Die konkrete, sinnlich-materielle Dimension der Dinge hat die Kraft, Unruhe zu stiften, weil sie offen für Assoziationen und Projektionen unterschiedlicher Art ist. Dem Ästhetischen ganz allgemein wohnt daher ein Moment der Unberechenbarkeit inne, das sich nicht tilgen lässt. Es ist diffus und kann auf verschiedene Weisen aufgefasst werden, es ist offen für emotionale und viszerale Reaktionen und kann mit Begehren besetzt werden. Der Hoffnung auf ein outcome im Sinne einer konkreten politischen oder moralischen Agenda steht die bloße Beschaffenheit des Ästhetischen entgegen. Brecht hat diese Einsicht in sein Theaterkonzept integriert:

> »Keineswegs könnte man [das Theater] in einen höheren Stand erheben, wenn man es (…) zu einem Markt der Moral machte. (…) Nicht einmal zu lehren sollte ihm zugemutet werden (…).«[70]

Was also für den unterdrückerischen Status quo des bürgerlichen Kapitalismus gilt, dass er nämlich in bestimmten Momenten durch die Widersetzlichkeit sinnlicher Gegenstände subvertiert werden kann, das gilt umgekehrt auch für humanitäre Anliegen

70) Brecht, *GBA 23*, S. 663 f.

von Gleichheit und Solidarität. Auch ihr »Universum der Dinge« kann sich plötzlich widersetzen. Immer wieder zeigt sich, dass auch das, was einmal mit emanzipatorischem Anspruch erdacht wurde, gemeinsame Sache mit dem Status quo machen kann: So wurde in den vergangenen Jahren das feministische T-Shirt zum Trend, und Fashionblogs fragten danach, wie es sich am besten stylen ließe. Dass die Bedeutung feministischer Slogans in der Mode in den Hintergrund gedrängt wird, zeigt sich nicht zuletzt dort, wo die Trägerin angewiesen wird, das Shirt in Kombination mit der High-Waist-Jeans bitte schön bauchfrei zu tragen[71] – oder es gleich mit einem Rock zu kombinieren, um jünger zu wirken.[72]

Wenn Politisches mehr und mehr in den Raum des Sinnlichen einrückt, dann stellt es sich damit auf eine unsichere Basis und setzt auf Wirkungen, die ganz und gar nicht garantiert sind. Das subversive Potenzial ästhetischer Formung, den die künstlerischen Avantgarden des 20. Jahrhunderts sowie die Philosophien Barthes', Butlers und vieler anderer ins Spiel bringen, besteht gerade darin, dass dem Ästhetischen ein chaotisches Moment innewohnt. Es wird damit fraglich, welche Erwartungen man an ästhetische Interventionen überhaupt haben darf. Und es zeigt sich daran auch, wie es möglich ist, aggressivste neoliberale Profitstrategien durch ein Venussymbol oder einen flotten Slogan aufzuwerten.[73] Damit ist eine Grenze der Leistungsfähigkeit der symbolischen Intervention markiert.

Es geht mir hier nicht darum, die Form der institutionalisierten Politik gegen die subversive symbolische Alltagsperformance auszuspielen. Der Kampf muss an beiden Fronten gekämpft werden und das große, bewusstseinsverändernde Potenzial ästhetischer Interventionen darf nicht unterschlagen werden, wenn Transformationsprozesse gelingen sollen. Da wir aber derzeit eine zunehmende Konzentration auf Formen ästhetischer Intervention – Sprachpolitiken, Social-Media-Performances, symbolischer Konsum – erleben, muss auch gefragt werden, was wir mit einer solchen Konzentration verabschieden, was wir damit möglicherweise preisgeben. Hinzu kommen weitere unangenehme Fragen: Wie unterscheidet sich die Politisierung des Alltäglichen vom neoliberalen Konzept des Social Engineering, das Menschen zu Profitzwecken auf den Status von Pawlowschen Hunden reduziert?

71) »T-shirt + High Waist Trousers. Point to wear: T-shirt hem and waistband need to leave a 3-5cm gap« (https://www.wholesale7.net/blog/8-ways-to-wear-your-t-shirts-in-chic-style/, abgerufen am 18. 3. 2024)

72) Ebd. »Wearing the T-shirt with a short skirt is the ablest to create a sense of youth (...).«

73) Natürlich verfügen auch politische Institutionen über eine eigene Ästhetik – die sich in Sprache, Schrift, Kleidung, Haltung u.v.m. manifestiert – und hat das Politische immer auch eigene ästhetische Praktiken, etwa die verschiedenen akustischen Signale, die die Sitzungsabläufe eines Parlaments regeln.

Welche Formen der Auseinandersetzung werden durch die Essenzialisierung des Politischen vielleicht sogar verdeckt, und wer profitiert von einer solchen Verdeckung?

Längst ist bekannt, dass die symbolische Ordnung unserer Kultur, die unser Bewusstsein und unsere Körper prägt, kein Naturgesetz ist. Sie ist im Gegenteil gesättigt von den Agenden hegemonialer Konstellationen, die ein »kulturell Unbewusstes« bilden, »zu Automatismen eingeschliffen[e] geistig[e] Schemata«.[74] Neutralität kann es nicht geben, worauf Brecht pointiert hinweist:

> »Wollen Sie behaupten, daß sie keine Partei vertreten? Sie vertreten doch die Partei der Faulen und Dummköpfe! Es ist dies eine sehr mächtige Partei. Sie kann, gestützt auf ein paar Klassiker und geführt von ein paar Beamten, machen, was sie will.«[75]

Die Form der ästhetischen Intervention, Kernstrategie der Politisierung des Alltäglichen, kann man positiv als aufklärerische Bewusstseinserweiterung bezeichnen. Negativ beschrieben ist sie Manipulation[76]: Sie wählt nicht die argumentative Auseinandersetzung, sondern die Rekonfiguration von Wahrnehmung. Daran ist zunächst einmal nichts verwerflich. Wenn unsere Wahrnehmung ohnehin die ganze Zeit beeinflusst wird – zum Beispiel durch Werbung, Moral, Ökonomie –, warum sollte man sich an diskursive Spielregeln halten, die auf

Argumentation und Transparenz setzen? Mit der Vorstellung, Menschen durch Dialog zu überzeugen oder zumindest in Aushandlungsprozesse zu involvieren, hat die Rekonfiguration der Wahrnehmung allerdings nicht mehr viel zu tun.

Diese Vorstellung war und ist eng verbunden mit der Hoffnung auf eine nachhaltige Veränderung der Gesellschaft, die die subjektive Autonomie einbezieht und sogar stärkt (ein Ideal schon zur Zeit der Aufklärung, später in den Avantgarden ab dem 20. Jahrhundert). Dieses Ideal wurde übrigens gerade gegen die christlich-konservative Abrichtung von Menschen in Stellung gebracht: Dass verdeckte Machtgefälle und hegemoniale Voran-nahmen durch Theorie und Kunst enttarnt werden, hatte einmal das Ziel, diskursfähige, erfindungswillige Bürger und manchmal auch Bürgerinnen zu bilden. Die Universalisierung des Politischen, die sich der neoliberalen Emotions- und Aufmerksamkeitsökonomie angeschmiegt hat, bildet hingegen nicht. Sie läutet das Pawlowsche Glöckchen und ähnelt daher eher manipulativen und paternalistischen Strategien der Vermarktung – etwa dem

74) Bourdieu, *Zur Soziologie*, S. 123

75) Brecht, *GBA 21*, S. 195

76) Diese Rückseite der ästhetischen Intervention thematisiert Marlene Denningmann in ihrer filmischen Arbeit *Eine gewisse Liebe zur Symmetrie*, siehe http://www.marlenedenningmann.de/portfolio/eine-gewisse-liebe-zur-symmetrie/ (abgerufen am 19. 8. 2024)

»Nudging«[77] –, als einer politischen Aktion, bei der das Gegenüber als mündiges Subjekt ernst genommen wird.

In den Weiten des Kosmos Kultur bilden sich darüber hinaus laufend Sternbilder und Galaxien, in denen das Selbstverständliche Modifikationen erfährt, sprich: Innerhalb eines kulturellen Horizonts sind unterschiedliche Milieus anzutreffen, die das Selbstverständliche entlang der Koordinaten ihrer spezifischen Lebensumstände modifizieren, eigene Routinen, Bewertungsmaßstäbe, Interpretationen und Erwartungen an ihr Umfeld entwickeln. Kultur ist kein homogenes Feld, sondern zeichnet sich durch Vielsprachigkeit aus. Hier greifen mannigfaltige Bedeutungssysteme mit je eigenen Ausdrucksweisen ineinander. Allerdings: Bei der Reichweite dieser Form kultureller Schaffenskraft finden sich erhebliche Unterschiede.

Kulturelles Wissen ist von einer merkwürdigen Spannung aus Offenheit und Geschlossenheit durchzogen. Um sich in verschiedenen kulturellen Kontexten zurechtzufinden, kommt es nicht darauf an, formalisierbare Spielregeln zu kennen, sondern ein Gespür zu haben für Situationen, für Konventionen und Möglichkeiten der Übertretung. Man kann all das nicht rezeptartig lernen, sondern nur im Vollzug. Kultur bedarf der Einweihung. Im Begriff der Einweihung liegt, das möchte ich betonen, der Aspekt der Übung und des Lernens – und eben dadurch ironischerweise ein Moment der Offenheit: Jeder kann es. Kultur ist also weder Sache des

Blutes noch des Bodens, sie ist auch kein Schicksal, sondern Übungssache. Sie erscheint immer nur hypothetisch (!) als abgeschlossenes Gebilde, tatsächlich ist sie aber eine Praxis und eben dadurch offen für Transformation.

77) »Nudging« ist ein Begriff aus der Verhaltensökonomie: »Ein (…) Nudge ist – kurz gefasst – ein Programm zur Verhaltensänderung im alltäglichen Bereich: zur Abfallvermeidung, Verringerung der Energieverschwendung, zur gesünderen Ernährung etc. Dies wird erreicht, indem gut verständliche Informationen und Anreize mit »motivierender Hilfe« verbunden werden, sanfter Druck nicht ausgenommen. Werden in Kantinen Obst und Gemüse frei ausgelegt, während Süßigkeiten aus einem Schrank genommen werden müssen, lässt sich bereits von einer Verhaltenssteuerung sprechen. Der in Eile befindliche Mensch scheut im Zweifel den Mehraufwand und greift zu dem, was leicht verfügbar ist. (…) ›Nudging‹ bedeutet also die absichtsvolle Führung von Individuen bei gleichzeitiger Aufrechterhaltung ihrer Wahlfreiheit. Nudging arbeitet mit motivierender Steuerung und nicht mit Zwang oder Verboten. Dies lässt sich erreichen durch das Ausnutzen des menschlichen Bedürfnisses nach Zugehörigkeit, bspw. durch das aktive Einbeziehen individueller Beziehungen zum sozialen Umfeld (peer support bzw. peer pressure).« Stefan Piaseki: »›Schubs mich nicht.‹ Nudging als politisches Gestaltungsmittel«, https://www.bpb.de/lernen/digitale-bildung/werkstatt/258946/schubs-mich-nicht-nudging-als-politisches-gestaltungsmittel/ (abgerufen am 13. 5. 2024)

Subversion mit ästhetischen Mitteln also kann sich immer nur an Eingeweihte richten oder, wie Barthes mit Blick auf die avantgardistische Kunst zuspitzt: »[D]ie Avantgarde ist, mag der Schein auch trügen, eine Familienangelegenheit.«[78] Das Sein und das Sollen sind immer Komplizen.

Dieses hermetische Element, das Teil jeder Kultur ist, hat für die Politisierung des Alltags entscheidende Konsequenzen: Um eine Störung nämlich als Störung überhaupt erst wahrnehmen zu können, muss man den Normalzustand kennen und die Zeichen der Störung entziffern können – man muss also beispielsweise wissen, wofür das Venuszeichen auf dem Kaffeebecher steht oder dass in den USA gerade Debatten zum Missbrauch von Machtverhältnissen im Umfeld der Filmindustrie geführt werden und deshalb alle Frauen in Schwarz zur Oscarverleihung kommen.

Das heißt dann auch: Obwohl ein quantitativer Zuwachs an feministischen Themen und Motiven im Bild unserer Öffentlichkeit zu vermerken ist, ergibt sich daraus nicht zwangsläufig eine gesteigerte, wirklichkeitsverändernde Schlagkraft der beschriebenen Interventions- und Bekenntnisstrategien – weil oftmals schlicht die Adressatinnen fehlen, die die Codes lesen können.

Hier muss dann gefragt werden, an wen sich die Subversion wendet. Wer ist Adressatin oder Adressat? Wem gesteht man Veränderungspotenzial zu, wen gibt man verloren? Wer ist drinnen, wer draußen? Wer darf überhaupt zur Waffe der symbolischen

Intervention greifen und bei wem wird es als illegitim und populistisch deklariert?

78) Barthes, *Ich habe das Theater immer sehr geliebt …*, S. 254

VIII DIALEKTIK DER VEREINDEUTIGUNG: UNGLEICHHEIT, BEKENNTNIS

Nicht nur sind die Wirkungen des Ästhetischen unberechenbar und zu einem großen Teil an Vorwissen und subjektive Perspektive gebunden. Mit ihnen lässt sich außerdem eine für demokratische Systeme entscheidende Fähigkeit nicht vermitteln: die Fähigkeit zum Dissens.[79] Jean Baudrillard kennzeichnet die Postmoderne als eine Zeit, die von immer komplexeren kulturellen Codierungen gekennzeichnet ist, denen aber im Realen nichts mehr entspricht.[80] Die »Herrschaft der Codes« besteht nach Baudrillard gerade darin, Dissens – der auf greifbarer Differenz beruht – zu verhindern:

> »Überall die gleiche Genesis der Simulakren: die Austauschbarkeit des Schönen und Hässlichen in der Mode, der Linken und der Rechten in der Politik, des Wahren und Falschen in allen Botschaften der Medien, des Nützlichen und Unnützen auf der Ebene der Gegenstände, der Natur und Kultur auf allen Ebenen der Signifikation. (…) Alles wird unentscheidbar, das ist die charakteristische Wirkung der Herrschaft des Codes, die auf dem Prinzip der Neutralisierung und der Indifferenz beruht.«[81]

Die ästhetische Subversion braucht die Homogenität und die Einvernehmlichkeit der Filter bubble[82],

79) Ich folge Rancière, wenn er schreibt: »Der Dissens ist im Herzen der Politik«, *Der emanzipierte Zuschauer,* S. 73

80) Das zeigt sich prominent am Wegfall des Goldstandards: US-Präsident Nixon hob im Jahr 1971 die Bindung des Dollar an den Goldstandard auf. Vorher war der Wert des Geldes rückgebunden an den Wert des Goldes. Die Aufhebung des Goldstandards erlaubt eine »Abkopplung des Geldzeichens von jeder gesellschaftlichen Produktion«. Jean Baudrillard: *Der symbolische Tausch und der Tod.* Übersetzt von Gabriele Ricke, Ronald Voullié und Gerd Bergfleth, Berlin 2022, S. 47

81) Jean Baudrillard, *Der symbolische Tausch und der Tod,* S. 21

82) Der Begriff »Filter bubble« (engl. Filterblase) stammt aus den Medienwissenschaften. »Wenn man nur mit der eigenen Meinung konfrontiert wird, nie die Gegenseite dargestellt bekommt, immer nur bestätigt wird und die kontroverse Diskussion eines Themas verpasst, lebt man in einer Meinungsblase. Dies kann passieren, wenn man ausschließlich in Freundesgruppen mit ähnlichen Interessen verkehrt und beispielsweise immer die gleiche Informationsquelle heranzieht. Online kann es zu demselben Phänomen kommen, wenn Informationen bei Suchmaschinen oder Feeds der sozialen Netzwerke gefiltert werden. Diese Blase nennt sich Filterblase.« https://www.lmz-bw.de/medienbildung/themen-von-f-bis-z/hatespeech-und-fake-news/fake-news/filterblasen-wenn-man-nur-das-gezeigt-bekommt-was-man-eh-schon-kennt/#c37831 (abgerufen am 2. 5. 2024)

paradoxerweise; sie ist immer »Konsensus im Dissensus«.[83] Gleichwohl ist sie, wie eben beschrieben, durchaus fähig, Risse im Alltag zu erzeugen und so zu intervenieren. Aus dieser Fähigkeit allerdings die Ersetzbarkeit demokratischer Institutionen, formeller Abläufe und Entscheidungen im Konkreten durch politische Ästhetisierung des eigenen Lifestyles zu folgern, bedeutet, einer entscheidenden Anforderung politischen Gestaltens auszuweichen, nämlich der Anforderung, gerade unter Ungleichen zu Lösungen zu kommen und miteinander Entscheidungen zu treffen: »Politik handelt von dem Zusammen- und Miteinander-Sein der Verschiedenen«, so Arendt.[84]

Das Politische durch das Ästhetische abzulösen heißt, das Recht der Stärkeren neu zu begründen – stark sind in diesem Fall diejenigen, welche die Codes lesen können, die Kontexte, Moden und sprachlichen Konventionen kennen. Auf die (Um-)Codierung als primäre Interventionsinstanz zu setzen hieße, den politischen Kampf zu gamifizieren[85], ihm seine Ernsthaftigkeit zu nehmen. Die Strategie der Umcodierung verspricht, dass wir Dinge und Cliquen (Peergroups) zwischen uns und unsere Probleme schieben können, dass uns öffentliche Bekenntnisse und moralistische Rigidität vor Verletzungen schützen können. Dass es ausreicht, zu reflektieren, statt zu handeln[86], die richtigen Zeichen zu tragen, die richtigen Wörter zu benutzen und im richtigen Moment zu liken, statt sich den Risiken und Strapazen, den ernüchternden Banalitäten und der zähen Langeweile der dem Dissens abgerungenen Entscheidungen auszusetzen. Es kreiert eine Welt, in der die Codes immer komplexer werden. In dieser Welt findet immer weniger konkrete Veränderung statt, weil der Ausdruck von Dissens in einem Kosmos fluider Zeichen und Moden strukturell immer schwerer wird. Auch Elena Zanichelli thematisiert die Fallstricke dieser Entwicklung:

> »Ist grundsätzlich zu begrüßen, dass Adichies ›We should all be feminists‹ spätestens seit dem

83) Bourdieu, *Zur Soziologie*, S. 123

84) Arendt, *Was ist Politik?*, S. 9

85) »Unter Gamification versteht man die Integration von Spielelementen in spielfremde Umgebungen – das können Arbeitsplätze, Schulen, Onlinecommunitys oder auch Bewerbungsprozesse sein. Mittels Gamification sollen unangenehme, langweilige oder auch sehr schwierige Aufgaben spielerisch zugänglicher gemacht werden. Im Zuge der Digitalisierung hat das Konzept eine starke Verbreitung erfahren. Bei Gamification geht es um mehr als nur um Ranglisten und Punkte. Es geht um die Frage, was Menschen generell zum Handeln motiviert.« Laura Basten: »Gamification: Grundbegriffe, Chancen und Risiken«, https://www.bpb.de/themen/kultur/digitale-spiele/504558/gamification-grundbegriffe-chancen-und-risiken/ (abgerufen am 13. 5. 2024)

86) Diese pointierte Gegenüberstellung übernehme ich von Arendt, *Was ist Politik?*, S. 26

Dior-Catwalk von 2016 als T-Shirt-Aufschrift getragen wird? Doch damit wird nicht nur ein Buch als Slogan via Instagramability aufgewertet; es besteht auch die Gefahr, dass sich das alte, weiterhin ungelöste Problem der Ausgrenzung von Frauen in der Weiblichkeitsverwertungsmaschinerie der New Economy sang- und klanglos auflöst.«[87]

Bei der Aussage, alles sei politisch, handelt es sich, wie im vorigen Kapitel gezeigt, um eine Essenzialisierung. Erinnern wir uns daran, dass Barthes die Essenzialisierung als eine bürgerliche Machttechnik definiert.[88] Diese gibt den Status quo als ewig und damit unveränderlich aus, indem sie beispielsweise von einem unveränderlichen Wesen der Frau, der Nation oder der Armen ausgeht. Erzählungen von solchen unveränderlichen Essenzen nennt Barthes »Mythen«. Sie durchziehen, verborgen in unterschiedlichen Codes wie etwa Werbung und Mode, unseren Alltag. Sie grundieren unser kulturelles und individuelles Selbstverständnis und strukturieren die Verhältnisse zwischen den Subjekten.

Erinnern wir uns außerdem, dass Barthes – einem ähnlichen Gedanken verpflichtet wie Baudrillard – den hegemonialen Code der Mythen als »Nebel« bezeichnet hat. In diesem Nebel fällt es dann »leicht, die Bekenntnisse [und Emotionen, M. R.] schon als Handlungen anzusehen«.[89] Die Behauptung, dass alles politisch sei, halte ich daher für eine riskante Mythisierung: Der Mythos des Politischen verhindert am Ende, dass Dinge greifbar werden – etwa im Sinne von konkreten Verteilungsfragen.

Nun mag man erneut das Argument einwenden, politische Institutionen, die einmal als Orte konkreter Entscheidungen gedacht waren, seien ohnehin korrumpiert, der Weg über die Codes sei die letzte Möglichkeit einer Veränderung des Bestehenden. Wie sich diese Position allerdings vom Wunsch abgrenzt, keine Verantwortung im Handeln mehr übernehmen zu müssen, bleibt offen:

> »Aber was heute dem geläufigen Vorurteil gegen Politik seine eigentliche Pointe gibt: die Flucht in die Ohnmacht, der verzweifelte Wunsch, der Fähigkeit zum Handeln überhaupt ledig zu sein, war damals noch das Vorurteil und das Vorrecht einer kleinen Schicht, die mit Lord Acton meinte, daß Macht korrumpiert und der Besitz absoluter Macht absolut korrumpiert.«[90]

Die Phrase, dass Macht korrumpiert, kann eben auch dazu genutzt werden, sich die Dinge vom Leib

87) Zanichelli, *Einleitung*, S. 10 f.

88) Diese Machttechnik ist übrigens ambivalent und daher nicht einfach abzutun: Auch hinter der Idee der Menschenwürde steckt ein Essenzialismus. Hierzu ausführlicher: Reichert, *Kultur in Stücken*, S. 83 und S. 243

89) Ullrich, *Wahre Meisterwerte*, S. 19

90) Arendt, *Was ist Politik?*, S. 16

zu halten und sich gerade da als ohnmächtig auszugeben, wo man es eigentlich nicht ist. Das scheint in Zeiten großer sozialer Konkurrenz, gesteigerter Komplexität der Welt und fehlender Legitimationsinstanzen menschlich verständlich zu sein. Allerdings muss man es sich auch leisten können, die eigene Machtlosigkeit zu behaupten. Es ist durchaus ein Phänomen der bürgerlichen Mitte und wird immer wieder im Kontext innerfeministischer Klassendebatten problematisiert. Colette Reid und Charlotte Bunch stellen fest, dass Frauen aus marginalisierten Schichten an der eigenen Handlungsmacht festhalten müssen, weil die Alternative schlicht unaushaltbar ist. Hier zeigt sich ein deutlicher Klassenunterschied, der Auswirkungen auf den feministischen Ansatz hat:

> »Häufig entwickeln Frauen der Mittel- und insbesondere der oberen Mittelschicht (...) eine privilegierte Passivität. Eine Privilegierte kann praktischerweise denken, dass es nicht notwendig sei, sich selbst zu bekämpfen oder zu disziplinieren, um irgendetwas zu bekommen. Es wird schon alles funktionieren.«[91]

Es bleibt darüber hinaus zu fragen, ob sich hinter der Behauptung der eigenen Machtlosigkeit nicht vielleicht auch eine Strategie verbirgt, sich unangreifbar zu machen. Wer machtlos ist, muss nämlich über reale Umverteilungsfragen nicht verhandeln, was letztlich die konkrete soziale und ökonomische Position auch bürgerlicher Feministinnen herausfordern würde. So entkommt zum Beispiel die Feministin der oberen Mittelschicht häufig den unangenehmen Fragen ihrer schlechter gestellten Schwestern.

Grundsätzlich gilt: Wer Trends – auch politische – setzen kann, ist oben. Nicht nur in den Strukturen institutionalisierter Politik kann das Recht der Stärkeren regieren und können soziale Ungleichheiten reproduziert werden. Gerade im Bereich des Symbolischen, in dem sich die ästhetische Alltagsintervention abspielt, greifen unterschwellige Machtgefüge. Hier kommt es viel stärker auf den Habitus an, auf die Fähigkeit, Regeln elegant zu brechen und den richtigen Ton zu treffen. Baudrillard behauptet, wie eben gezeigt, dass die kapitalistische Postmoderne sich dadurch auszeichnet, dass alles unentscheidbar wird, dass wir nur noch mit Codes spielen, die kaum noch Bedeutung haben, denen also nichts Reales und Greifbares mehr entspricht. Wenn Baudrillard damit Recht hat, dann gewinnt in dieser Welt diejenige, die das virtuose Spiel mit der zunehmend entleerten Bedeutung beherrscht. In der postmodernen Indifferenz können nur die Stärkeren zum Zug kommen. Die Konzentration auf symbolische Intervention, die der Inflation des Politischen zugrunde liegt, blendet die konkrete,

91) Colette Reid und Charlotte Bunch: *Revolution begins at home*, zit. nach bell hooks: *Die Bedeutung von Klasse.* Münster 2021, S. 116

materialistische Seite der Politik tendenziell aus und setzt eine Welt voraus, in der alle die Codes und das virtuose Spiel mit ihnen beherrschen. Diejenigen, die noch in einer Welt leben, in denen die Codes etwas Konkretes bedeuten – die Zahlen auf dem Kontoauszug bedeuten soundsoviel Essen, Miete, Busfahrten –, stehen vor der Herausforderung, wie sie ihre Anliegen in diesen Strukturen überhaupt thematisieren können.

Ich möchte diesem Problemkomplex die Ideen der strategischen Vereindeutigung und der Haltung der Ernsthaftigkeit entgegenstellen. Im feministischen Kontext könnte dazu das offene Sprechen über Geld gehören oder das Aushandeln von Modellen der Zeiterfassung für Care-Arbeit.

Zu bedenken ist dabei allerdings, dass auch der gegenwärtige, medial verstärkte Trend zum Bekenntnis – der eigenen Geschlechtlichkeit, der politischen Zugehörigkeit, des eigenen Mögens und Nichtmögens – ebenfalls ein Versuch ist, Eindeutigkeit herzustellen. Die Vereindeutigung (hier in Form des Bekenntnisses) kann subversiv sein oder eben nicht, kann Revolution oder Unterordnung bedeuten. In bestimmten Momenten kann es subversiv sein, auf die eigene Weiblichkeit zu verweisen. In sehr vielen anderen Momenten ist es ein Zwang, sie thematisieren zu müssen oder sie von anderen thematisiert zu sehen, etwa wenn der Abgeordnete Heiner Geißler während seiner Bundestagsrede im Jahr 1983 in Richtung seiner Kolleginnen verlauten lässt:

> »Wir haben nichts gegen alte Männer. Wir haben nichts gegen alte Frauen. Wir haben auch nichts gegen junge Frauen. Sie schauen sich ja zum Teil ganz passabel an.«[92]

Die Verschleierung des Bekenntnisses war eigentlich eine bürgerliche Machttechnik: Barthes sprach von der Bourgeoisie als der Klasse der »Ent-Nennung«.[93] Sie ist die Klasse, deren Agenda unter dem Radar läuft und deshalb unangreifbar ist. Durch den Akt der Benennung, das heißt der kritischen Analyse genau solcher Verschleierungsmechanismen, kann man diese Unangreifbarkeit brechen. Mittlerweile gilt vielleicht das Gegenteil: Verschleierung wird wieder subversiv. In einer Zeit, in der alles unter die Lampe der Analysten gezerrt wird, kann Repräsentation sogar wieder als Entlastung verstanden werden: Unter dem Radar bleiben zu dürfen, nicht immer selbst mit Haut und Haar gemeint zu sein, ob im Schützengraben oder am Internetpranger, kann ein Privileg sein. Dies wurde oft als spezifische Leistung von Kultur angesehen: sich die Dinge vom Leib halten zu können. In der Urszene des neuzeitlichen mitteleuropäischen Nachdenkens über Kultur stehen sich Mensch und Welt gegenüber. Aufgefressenwerden ist hier die ultimative Eindeutigkeit.

92) So zu sehen im Dokumentarfilm *Die Unbeugsamen* von Torsten Körner, Köln: Broadview Pictures in Kooperation mit ZDF/3sat, 2021, Minute 22:08

93) Barthes, *Mythen des Alltags*, S. 124

Hans Blumenberg beschreibt diese Situation als »Absolutismus der Wirklichkeit«.[94] Diese Eindeutigkeit halten wir uns nach seiner Theorie durch ein Netz von Bedeutungen vom Leib, an dem wir beständig knüpfen müssen. Es ist zwar ein Behelf, aber es schafft doch Ruhe und Ordnung. Symbolische Ordnungen, Kultur also, sind in dieser Lesart ein Entkommen.[95]

Als Geflecht von Routinen, unausgesprochenen Übereinkünften und Selbstverständlichkeiten kennt die so verstandene Kultur keinen Umsturz, sie kennt allenfalls die langsame und ergebnisoffene Umwälzung. Freilich ist Politik ein Teil von Kultur. Weil sie es mit Fragen von Verteilung und also mit Dissens und Entscheidung zu tun hat, ist sie der Teil, der ohne Verfahren der Vereindeutigung nicht zu haben ist. Ein Beispiel hierfür ist die demokratische Wahl, bei der komplexe Positionen vielzähliger Subjekte für einen fest umrissenen Moment auf die einfache Dichotomie Ja/Nein heruntergebrochen werden, um zu Entscheidungen zu kommen. Ich sage hier bewusst Vereindeutigung und nicht Eindeutigkeit: Zur Etablierung solcher Verfahren gehört nämlich die zumeist unterschlagene Einsicht, dass sie immer nur behelfsweise Eindeutigkeit liefern können: So kann es entscheidend sein, bei der Diskussion um Reproduktionsmedizin die eigene weibliche Perspektive geltend zu machen. Das kann aber nicht darüber hinwegtäuschen, dass es sich beim Etikett »Frau« – wie auch beim Etikett »Mann« – stets um eine Metapher handelt, die sehr viele verschiedene, teils widerstreitende Lebens-, Wahrnehmungs- und Empfindungsrealitäten umfasst und die, wie alle Metaphern[96], lediglich versucht, etwas Unbegriffliches einzufangen.

94) Hans Blumenberg: *Arbeit am Mythos*. Frankfurt am Main 2006, S. 9 ff.

95) Im Übrigen besteht für Adorno ein Potenzial der Kunst als ästhetischer Praxis gerade darin, ein Refugium für Uneindeutiges herzustellen: »Kunst heißt nicht, Alternativen pointieren, sondern, durch nichts anderes als ihre Gestalt, dem Weltlauf widerstehen, der dem Menschen immerzu die Pistole auf die Brust setzt.« Ders., *Engagement*, S. 413

96) Hans Blumenberg: »Ausblick auf eine Theorie der Unbegrifflichkeit«. In: Ders.: *Ästhetische und metaphorologische Schriften*, Auswahl und Nachwort von Anselm Haverkamp. Frankfurt am Main 2001, S. 193–209

IX FÜR EINE ERWEITERUNG DES REPERTOIRES: KONTAKT UND KONKRETION

Die Inflation des Politischen scheint mir mit zwei großen aktuellen Zeittendenzen verbunden zu sein: Wie schon in Kapitel IV beschrieben gibt es zum einen die Tendenz zur Essenzialisierung. Hierzu gehört die starke Betonung von Identitäten sowie die Rede vom Politischen. Zum andern existiert eine Tendenz zum Technokratischen. Zu dieser gehören die Bevorzugung quantitativer Messverfahren und die Überzeugung, dass gut ist, was sich gut verkauft. In beiden Tendenzen verbirgt sich letztlich ein vormodernes Ressentiment, insofern beide an die Vorstellung unverbrüchlicher Wahrheit gebunden sind – wobei die essenzialistische Seite die Wahrheit in ein (quasi)metaphysisches Jenseits verlegt und die technokratische Seite die Wahrheit als Resultat von Berechnungen und Verordnungen begreift.

Folgen wir Rancière darin, dass der Dissens das Herzstück der Politik ist, dann verhindern eigentlich beide Tendenzen die politische Gestaltung, eben weil sie den Dissens verhindern: Erstere verhindert ihn, weil sie suggeriert, das Wesen der Dinge sei gottgegeben, Letztere verhindert ihn, weil sie Widersprüche wegverwaltet.

Eine Alternative wäre, sich zur Situiertheit wie zur Unvermeidbarkeit von Setzungen, die freilich immer Reibung und Widerspruch kreieren, zu bekennen. Will man Menschen nicht auf den Status Pawlowscher Hunde reduzieren, dann ist damit die Bereitschaft zum Kontakt, und das heißt zur Aushandlung, untrennbar verbunden. Um Kontakt und Aushandlung zu ermöglichen, bedarf es aber der Herausbildung von Positionen. Das Motiv der Position stelle ich dem Motiv der Pose[97] entgegen. Die Inflation des Politischen besteht im Wesentlichen aus Posen, die man mehr oder weniger opportunistisch einnehmen und auflösen kann. Positionen hingegen erlauben es, sich zu ihnen zu verhalten, und das heißt: Sie schaffen Reibungsflächen und ermöglichen Opposition. Gleichzeitig sind Positionen nicht dasselbe wie Identitäten. Im Begriff der Identität liegt Unveränderlichkeit, im Begriff der Position liegen Relationalität und Relativität:

97) Posen sind im Wesentlichen unkonkret, sie sind ein Möglichkeitsraum. Mit Diedrich Diederichsen könnte man auch davon sprechen, dass Politik zum Pop geworden ist: »Die Pose ist die zentrale Einheit der Pop-Musik (…).« Auch Diederichsen charakterisiert die Pose als etwas Unkonkretes. Posen bestehen aus Fiktionen, wer oder was jemand sein könnte – das ist im Sinne der Poptheorie erst mal ganz wertfrei zu verstehen. Die »Idee der jeweiligen Pose« ist »nicht einfach benennbar (…). Die Pose ist nicht eine einzelne konkrete körperliche Haltung, aber eine bestimmte Menge möglicher Haltungen, die für einen Künstler oder eine Gruppe infrage kommen«. Diedrich Diederichsen, *Über Pop-Musik*, 2. Aufl., Köln 2014, S. 138

Relationalität, weil sich die Position eines Subjekts aus Kontexten ergibt, die auf das Subjekt zurückwirken; Relativität, weil die Position eines Subjekts nichts über dessen »Wesen« aussagt.

Gegen die Essenzialisierung der politischen Differenz wie gegen den entfremdeten Zugriff der geschäftigen »Governance« schlage ich vor, Politik wieder verstärkt als Kulturtechnik des Kontakts aufzufassen und auch so zu betreiben. Imaginieren wir Politik als Verfahren, das Opposition ermöglicht und gestaltet, dann ist nicht länger die ästhetisch-symbolische Manipulation die Strategie der Wahl, sondern Verfahren der Vereindeutigung.[98] Dazu gehört dann auch die große Herausforderung, sich zu deren Behelfsmäßigkeit zu bekennen und ihre Künstlichkeit nicht zu verschleiern.

Nun ließe sich einwenden, dass eine solche Konzeption von Politik auf Spaltung hinausläuft. Allerdings sind Spaltung und Opposition nicht dasselbe. Den Dissens auf die Gefahr von Spaltung zu reduzieren, kann auch ein Akt der moralischen und schließlich politischen Knebelung sein. Dahinter steht der Zwang zur totalen Affirmation – der im Übrigen lange schon Teil der weiblichen Erfahrung ist. Opposition zu ermöglichen, kann vor diesem Hintergrund sogar ethisch geboten sein. Sich anderen zum Widerspruch und zur Verhandlung zur Verfügung zu stellen, indem man sich erkennbar im Sprechen und Handeln positioniert, könnte eine Alternative zur permanenten öffentlichkeitswirksamen Bekenntnisperformance sein. Arendt spricht von der Greifbarkeit als Kennzeichen des politischen Raums:

> »Zudem entsteht in der Welt, die sich den Beherzten, den Abenteurern und Unternehmungslustigen öffnet, zwar bereits eine Art öffentlicher, aber noch nicht ein im eigentlichen Sinne politischer Raum. Öffentlich wird dieser Bereich (...), weil sie unter ihresgleichen sind und untereinander jenes Sehen und Hören und Bewundern der Taten gewähren können, auf deren Hörensagen hin der Dichter und Geschichten-Erzähler dann später ihnen den Ruhm bei der Nachwelt sichern kann. Im Gegensatz zu dem, was im Privaten und in der Familie geschieht, in der Verborgenheit der eigenen vier Wände, erscheint hier alles in jenem Licht, das nur die Öffentlichkeit, und das heißt die Anwesenheit der Anderen, erzeugen kann. Aber dies Licht, das die Vorbedingung alles wirklichen Erscheinens ist, ist trügerisch, solange es nur öffentlich und nicht politisch ist. Der öffentliche Raum des Abenteuers und des Unterneh-

98) In eine ähnliche Richtung geht Chantal Mouffe im Anschluss an Carl Schmitt. Mir ist allerdings eine stärkere Betonung der Technizität und Behelfsmäßigkeit politischer Vereindeutigung wichtig, um einer Ontologisierung von Dissens und Opposition entgegenzuwirken. Diese hat nämlich die Tendenz, Krieg als Alternativlosigkeit hinzustellen.

> mens verschwindet, sobald alles an sein Ende gekommen ist, das Heereslager aufgelöst ist und die ›Helden‹ (…) wieder nachhause zurückgekehrt sind. Politisch wird dieser öffentliche Raum erst, wenn er in einer Stadt gesichert ist, also an einen greifbaren Platz gebunden ist, der sowohl die denkwürdigen Taten wie die Namen der denkwürdigen Täter überleben und (…) überliefern kann.«[99]

Man darf nie vergessen, dass es vor allem etwas für Starke ist (idealerweise sollte man jung, intelligent, kommunikativ und sozial sein), sich im endlosen Gleiten der symbolischen Diffusion zurechtzufinden oder gar zu behaupten: Es braucht Versiertheit im Entziffern der jeweiligen Codes und des jeweiligen Habitus sowie die Fähigkeit, auf die zunehmende Verflüssigung der Bedeutungen zu reagieren. Betrachtet man – wie ich hier versucht habe – diese endlose Diffusion mit Arendt kritisch, so zeichnet sich eine Ethik der Greifbarkeit ab: Diese kommt genau da ins Spiel, wo der Raum der ins ästhetisch-symbolische Spiel Eingeweihten verlassen wird und man auf Menschen trifft, die die Codes nicht lesen können oder für die Bedeutungen noch gar nicht so verflüssigt sind – etwa, weil es auf jeden Cent ankommt. Diesen Menschen schuldet man Greifbarkeit, wenn man es mit der emanzipatorischen gesellschaftlichen Transformation ernst meint.

Es ist ein Gebot der politischen Ernsthaftigkeit, den Dissens nicht zu scheuen, sich also nicht zwischen Gleichgesinnten zu verbergen. Nur wenn man positional greifbar wird, wenn klar wird, was man will, kann man miteinander in Kontakt treten, um sich aneinander abzuarbeiten und miteinander Entscheidungen zu treffen. Nur durch Positionalität kann man zueinander Ja oder auch Nein sagen. Zusätzlich über Techniken der Vereindeutigung zu verfügen, ist daher die einzige Möglichkeit, zu verhindern, dass Techniken der informellen ästhetischen Diffusion – modische Statements, Sprachpolitik, Memes, symbolischer Konsum etc. – einen Pakt mit den altbekannten bürgerlichen Machttechniken der »Ent-nennung«[100], der Verschleierung der Interessen, eingehen.

Lesen wir noch einmal, was Arendt über die Herrschaft der Bürokratie sagt:

> »[D]ie bürokratische Herrschaft, die Herrschaft durch die Anonymität des Büros, ist nicht weniger despotisch, weil ›niemand‹ sie ausübt; im Gegenteil, sie ist eher noch furchtbarer, weil mit diesem Niemand niemand reden und vor ihm vorstellig werden kann.«[101]

Ich denke, dass an genau diesem Punkt die politische Differenz und die Technokratie die gleichen Effekte zeitigen. So unverzichtbar sie sein mögen:

99) Arendt, *Was ist Politik?*, S. 45 f.

100) Hierzu vgl. Barthes, *Mythen des Alltags*, S. 289

101) Arendt, *Was ist Politik?*, S. 13

Auch mit den ästhetischen Interventionen der Alltagsperformances kann man weder diskutieren noch aus ihnen Entscheidungen ableiten. Wollen wir wieder lernen, voreinander vorstellig zu werden, in Kontakt zu treten, dann sind wir auf Greifbarkeit angewiesen.

Die Kontrastierung zweier #metoo-Fälle der jüngsten Vergangenheit hilft möglicherweise dabei, die Potenz von Verfahren des Vereindeutigens zu profilieren. Dazu stelle ich – durchaus zugespitzt – das interventive Verfahren der Narration dem ebenfalls interventiven Verfahren der Jurisdiktion gegenüber:

Die Frauen, die im bereits erwähnten Fall Lindemann dem Sänger sexuelle Übergriffe vorwerfen oder dies andeuten, haben den Weg über Zeitungen und Social Media gewählt. Offenbar hat hierzulande keine von ihnen tatsächlich den Rechtsweg beschritten.[102] Leicht haben sie es sich dadurch nicht gemacht: Mein Eindruck ist, dass es – zumindest in Deutschland – in keinem Gerichtssaal auch nur annähernd so grob und verbal gewaltvoll zugeht wie in den Volkstribunalen auf Social Media. Die Aufregung um den Fall ist mittlerweile verpufft und hat wahrscheinlich vor allem die beteiligten Frauen viel Kraft gekostet, direkte Veränderungen gab es keine. Ein 2024 erschienener Podcast von Sebastian Pittelkow, Elena Kuch, Nadja Mitzkat und Daniel Drepper[103] lässt erneut die Frauen zu Wort kommen. Indem sie ihre hochkomplexen Geschichten erzählen, geben sie Einblicke in die

Auswirkungen patriarchaler Kulturmuster auf die Individuen und ihre Beziehungen zueinander. Die subversive Kraft dieses Erzählens liegt aber eher im langsamen Umwälzen dieser kulturellen Muster als im unmittelbaren strukturellen Eingriff. Die Geschichten der Frauen sind eher ein Beitrag zur sexuellen Bildung; konkrete Handlungsanweisungen lassen sich aus ihnen kaum ableiten.

Ein anderer Fall zeigt hingegen, worin die Leistungsfähigkeit kultureller Vereindeutigungsstrategien – dazu zähle ich Gerichtsverfahren – liegen kann (sie sind natürlich nicht unfehlbar): Die Künstlerin und Youtuberin Carina Pusch hat den Webvideoproduzenten ApoRed verklagt und gewonnen. Kurz zusammengefasst, hatte sie ApoRed in einem Video der sexuellen Belästigung bezichtigt. Daraufhin startete er einen Rachefeldzug mit ca. 16 Stunden Videomaterial, in dem er Pusch als Lügnerin darstellte. Seine Community und auch andere Videoproduzenten überzogen die Youtuberin daraufhin mit Hass und Drohungen. Sie wehrte sich juristisch gegen ApoReds Vorgehen, und ihr wurde Recht gegeben. Das Gericht urteilte, dass ihre Aussagen über ihn rechtmäßig waren und dass er seine Hetzvideos gegen sie löschen muss. Das ist dann tatsäch-

102) https://www.berlin.de/generalstaatsanwaltschaft/presse/pressemitteilungen/2023/pressemitteilung.1360122.php, abgerufen am 4. 5. 2024

103) Sebastian Pittelkow, Elena Kuch, Mitzkat Nadja, Daniel Drepper, *Rammstein. Row Zero*, NDR 2024

lich auch passiert. Es existieren nun also keine Videos mehr, in denen explizit zum Hass auf sie aufgerufen wird. Dadurch wurden die Anlässe zum Cyber-Mobbing gegen sie radikal reduziert.[104]

Hieran zeigt sich das Potenzial der Fähigkeit, die Dinge konkret zu machen und in einen Aushandlungsprozess einzutreten. Strukturell ist dieser Weg von anderer Qualität als der Weg über ästhetische Intervention und er besitzt erhebliche Schlagkraft im Hier und Jetzt.

Konkretion bedeutet Einhegung, Begrenzung. Diese liegt aber nicht einfach bereit, sondern sie will hervorgebracht werden, und das bedeutet immer eine Arbeit in und an den Institutionen. Angela Davis beschreibt die inneren Widersprüche der bezahlten Care-Arbeit und zeigt am Beispiel der Hausfrauen, was das Entscheidende ist: Erst wenn Frauen das eigene Haus verlassen, um zu arbeiten, erhalten sie Zugang zu realpolitischen Instrumenten.[105] Dann können sich Frauen zusammenschließen und eindeutige, verhandelbare Forderungen entwickeln, etwa eine Definition ihrer Aufgaben oder Zeiterfassungsmodelle.[106]

Hier zeigt sich auch, dass politisches Handeln als besondere Form der Gestaltung von Endlichkeit gefasst werden kann. Diese Endlichkeit finden wir in Hinblick auf unsere Lebenszeit, unsere materiellen Ressourcen und unsere Verstehensfähigkeit vor. Sie verlangt den schöpferischen Akt der Positionierung[107] und die dialogische Gestaltung im konkreten Hier und Jetzt, nicht die Auflösung der Stimme im

Gezwitscher vermeintlich subversiver Trends oder den Maulkorb des Selbstverständlichen.

Die Inflation des Politischen, wie ich sie hier versucht habe zu beschreiben, korrespondiert mit der mittlerweile umfassenden Quantifizierung und Kommodifizierung unserer spätkapitalistischen Gegenwart. Die an die Codes der eigenen Bubble zurückgebundenen, emanzipatorisch gemeinten Alltagsperformances in Sprache, Social Media, Mode und vielem anderen entsprechen der allgemeinen Tendenz zur Fragmentierung und Entsolidarisierung. Auch der performative Modus kann eine Machttechnik sein. Diese wirkt vor allem auf der Ebene der Einzelnen, und zwar durch Beschämung: Wenn man nicht dazugehört, es nicht versteht, den Ton nicht trifft, es sich nicht leisten kann; wenn der Shitstorm aufzieht. Das schlechte Gewissen ist, folgen

104) Ausführlich hierzu das Video von Carina Pusch: https://www.youtube.com/watch?v=ErX0LzkicXw sowie das Video von MiiMii: https://www.youtube.com/watch?v=gbAvV5wFDGk . Zur juristischen Einordnung siehe das Video von Christian Solmecke: https://www.youtube.com/watch?v=fQWR4ZdU4sw (alle abgerufen am 4. 5. 2024)

105) Angela Davis: *Rassismus, Sexismus und Klassenkampf*, übersetzt von Erika Stöppler, Münster 2022, S. 244

106) Ebd. S. 242

107) Hierzu auch Svenja Flaßpöhler: *Die potente Frau. Für eine neue Weiblichkeit*, 5. Aufl., Berlin 2018

wir Nietzsche, die verinnerlichte Herrschaft, und zwar im Gewand der Moral.[108] Die in der Inflation des Politischen wirksame Vulgär-Moral korrespondiert mit der Vulgär-Freiheit des Kapitalismus. Georg Lukács beschreibt die Ethik der technisierten kapitalistischen Gesellschaft passend dazu:

> »Da aber die Mechanisierung der Welt notwendig ihr Subjekt, den Menschen selbst mitmechanisiert, bleibt diese Ethik ebenfalls abstrakt, der Totalität auch des von der Welt isolierten Menschen gegenüber bloß normativ und nicht wirklich aktiv, gegenstandschaffend. Sie bleibt ein bloßes Sollen; sie hat bloß Forderungscharakter.«[109]

Zum Repertoire der Emanzipation gehört demgegenüber – und eng mit der Greifbarkeit verwandt – die Fähigkeit zur Konkretion. Diese Fähigkeit ist eine schöpferische: Sie besteht darin, Erlebnisse und Erfahrungen in Verhandlungsmasse zu übersetzen und so Entscheidbarkeit herzustellen. Die damit verbundene Ernsthaftigkeit des politischen Moments, in dem die eigenen Werte schließlich verhandelt werden, in den Routinen alltäglicher Lifestyleperformances aufzulösen, hieße hingegen, so Wolfgang Ullrich,

> »ihren Werkcharakter zu missachten: den Anspruch zu verfehlen, in der Realisierung von

Werten eine im weitesten Sinn schöpferische Leistung zu vollbringen«.[110]

108) Friedrich Nietzsche: *Zur Genealogie der Moral*. In: Ders.: *Kritische Studienausgabe*, Hg. Giorgio Colli und Mazzino Montinari, Bd. 5. 14. Aufl., München 2014, S. 291–337

109) Georg Lukács: *Geschichte und Klassenbewusstsein*, Bielefeld 2023, S. 211

110) Ullrich, *Wahre Meisterwerte*, S. 154

Ich habe der Inflation des Politischen die Idee einer schöpferischen Positionierung gegenübergestellt, die aus der Fähigkeit erwächst, die Dinge konkret zu machen und das heißt auch: eine Übersetzungsleistung zu vollbringen. Das setzt aber voraus, überhaupt erst einmal schöpferische Gelegenheiten ausfindig zu machen. Dabei handelt es sich grundsätzlich um Gelegenheiten der Transgression, also der Überschreitung. Diese kann es nur aus der Umgrenzung heraus geben – etwa aus der Umgrenzung der eigenen Position, die vorher natürlich erarbeitet sein will, und der Bereitschaft, diese auch zu zeigen und zu verhandeln.

Dann kann Transgression schlicht bedeuten, mit Menschen zu reden, die anders sind und anders denken als man selbst und deren Anderssein man nicht moralisch ökonomisieren kann. Es bedeutet, sich der ästhetischen Vielsprachigkeit der Kultur auszusetzen. Zu dieser Vielsprachigkeit gehört es, dass sich innerhalb eines kulturellen Horizonts ganz unterschiedliche Milieus finden, die ihre eigenen Bedeutungsgefüge und damit auch immer eigene Ästhetiken entwickelt haben. Damit sind verschiedene Wahrnehmungsweisen und innere Logiken des Aushandelns verbunden. Hier zeigt sich, dass Fremdheitserfahrungen zum kulturellen Alltag gehören.

Zur gesellschaftlichen Transformation braucht es also babylonische Tugenden: eine multilaterale Sprachfähigkeit, Übersetzungsgeschick und Ambiguitätstoleranz. Davon würden auch innerfeministische Auseinandersetzungen profitieren, bei denen sich oft gezeigt hat, dass je nach Lebensumständen die Diagnosen, Maßstäbe, Artikulationsweisen und Gegenstrategien stark voneinander abweichen können:

> »Weil sie es selbst geschafft hat, indem sie die netten Lebensregeln der Mittelschicht befolgt hat, mag [die Privilegierte, M. R.] es nicht, wenn die Leute aufdringlich, dogmatisch, feindselig oder intolerant sind.«[111]

Mit anderen in Kontakt zu treten, kann bedeuten, zu verlieren und abgeben zu müssen, sich verändern zu müssen. Es kann bedeuten, Menschen Raum zu geben, um ihre Selbstverständlichkeiten zu betrauern. Es bedeutet, ganz sicher, sich mit der eigenen Endlichkeit auseinanderzusetzen und damit, dass wir – entgegen aller kapitalistischen Versprechen – nicht alles haben können und angesichts dieser simplen Tatsache Entscheidungen treffen und mit ihren Konsequenzen leben müssen. Es bedeutet Konkretion – im Gegensatz zur »Pseudo-Konkre-

111) Reid/Bunch zit. nach hooks, *Die Bedeutung von Klasse*, S. 116

tion«[112] des öffentlichen Spektakels, und das hieße nach bell hooks:

> »… eine Bewegung zu schaffen, in der Bildung zu einem kritischen Bewusstsein da beginnt, wo die Menschen sind.«[113]

Dies bedeutet für sie etwa Folgendes:

> »Noch haben wir Zeit, Wohnungen für einkommensschwache Frauen einzurichten. Wenn arme Frauen und Arbeiterinnen mittels fortschrittlicher Sozialleistungen die Möglichkeit erhalten, ihre Wohnung zu besitzen, wäre dies ein Schritt in Richtung Freiheit. Die Schaffung von Wohnungsbaugenossenschaften mit feministischen Prinzipien ist ein weiterer Schritt, der den feministischen Kampf für die breite Masse relevant machen könnte. Dies sind nur einige Beispiele der Arbeit, die getan werden müsste.«[114]

Die symbolisch-kulturelle und die politische Sphäre greifen zwar ineinander, dürfen aber nicht verwechselt werden, strebt man gesellschaftliche Transformation an – auch über die Forderung nach Geschlechtergerechtigkeit hinaus. Es sind zwei unterscheidbare, aber nicht trennbare Formen der Wirklichkeitsgestaltung. Sie sind weder an ein »eigentliches«, metaphysisches, Politisches zurückgebunden noch erschöpfen sie sich in der aufgeräumten Geschäftigkeit des bloßen Organisierens.

Intervention auf der politisch-institutionellen Ebene kann zwar formale Gleichheit herstellen, ist aber zu grobkörnig für eine Intervention in kulturelle Selbstverständlichkeiten, die unsere Körper, unseren Sex, unsere Wahrnehmungen und unsere Vorstellungen prägen. Interventionen auf der Ebene des Kulturellen, des Ästhetisch-Symbolischen also, operieren im Diffusen. Es sind nicht so sehr Strategien der Aushandlung als vielmehr der Verführung. Als solche können sie enorme transformative Kraft entfalten, sie sind aber prinzipiell ergebnisoffen. Sie vermögen es, die Selbstverständlichkeiten des Alltags zu punktieren, sind aber fundamental unberechenbar und exklusiv.

Erst wenn beide Formen, beide »Sprechweisen« unterschieden werden, wird erkennbar, dass sie einander nicht ersetzen können. Erst dann wird ermessbar, was die Bürgerin dieses Babel diverser Sprechweisen zu leisten hat, will sie gesellschaftliche Verhältnisse transformieren. Das Bild meiner verwirklichten Utopie muss ich mir aus der Literaturtheorie leihen:

> »Wenn ich Gesetzgeber wäre (...), würde ich keineswegs eine Vereinheitlichung des Französi-

112) Guy Debord: *Die Gesellschaft des Spektakels*, aus dem Französischen von Jean-Jacques Raspaud, Berlin 2013, S. 183

113) hooks, *Die Bedeutung von Klasse*, S. 121 f.

114) Ebd.

> schen erzwingen, sei sie bourgeoiser oder volkstümlicher Art, sondern im Gegenteil das gleichzeitige Erlernen mehrerer französischer Sprachen, diverser Funktionen, die einander gleichgestellt würden, fördern. (…) Diese Freiheit ist ein Luxus, den jede Gesellschaft ihren Bürgern verschaffen müßte: so viele Sprachen wie es Begierden gibt: ein utopischer Vorschlag insofern, als noch keine Gesellschaft bereit ist zuzulassen, daß es mehrere Begierden gibt.«[115]

Der einzige Ausweg aus der Inflation des Politischen besteht in einer radikalen Erweiterung unseres emanzipatorischen Repertoires; in einer Erweiterung auf qualitativer Ebene: Man müsste lernen, gesellschaftspolitisch verschiedene »Sprachen« zu sprechen und damit unterschiedliche Qualitäten der Intervention zu mobilisieren – etwa ästhetische, rechtliche, ökonomische. Denn trotz ihrer Potenz und ihrer Öffentlichkeit kann die ästhetisch-interventive Alltagsperformance ein opportunistischer und letztlich vergeblicher Rückzug aus den Zumutungen Babylons sein – übrigens genauso wie das Bücherschreiben.

115) Roland Barthes: *Leçon/Lektion*, Antrittsvorlesung am Collège de France, gehalten am 7. 1. 1977, übersetzt von Helmut Scheffel, Frankfurt am Main 1980, S. 35–37

XI QUELLEN

Adorno, Theodor W., und Max Horkheimer: *Dialektik der Aufklärung. Philosophische Fragmente*, 3. Auflage, Frankfurt am Main, 1996

Adorno, Theodor W.: »Engagement«, in: *Gesammelte Schriften*, Hg. Rolf Tiedemann unter Mitwirkung von Gretel Adorno u. a. Bd. 2: *Noten zur Literatur*, 4. Auflage, Frankfurt am Main 1996, S. 409–430

Arendt, Hannah: *Was ist Politik? Fragmente aus dem Nachlaß*, Hg. Ursula Ludz, 7. Auflage, München 2020

Barthes, Roland: *Mythen des Alltags*, aus dem Französischen von Horst Brühmann, 4. Auflage, Berlin 2016

– *Leçon/Lektion. Antrittsvorlesung am Collège de France*, gehalten am 7. Januar 1977, übersetzt von Helmut Scheffel, Frankfurt am Main 1980

– »Die Avantgarde als Impfstoff«. In: Roland Barthes: *›Ich habe das Theater immer sehr geliebt, und dennoch gehe ich fast nie mehr hin.‹ Schriften zum Theater*, hg. von Jean-Loup Rivière, übersetzt von Dieter Hornig, Berlin 2001, S. 122–125

Basten, Laura: »Gamification: Grundbegriffe, Chancen und Risiken«, https://www.bpb.de/themen/kultur/digitale-spiele/504558/gamification-grundbegriffe-chancen-und-risiken/

Baudrillard, Jean: *Der symbolische Tausch und der Tod*, übersetzt von Gabriele Ricke u. a. Berlin 2022

Bedorf, Thomas: »Das Politische und die Politik. Konturen einer Differenz.« In: *Das Politische und die Politik*, Hg. Thomas Bedorf und Kurt Röttgers. Frankfurt am Main 2010, S. 13–37

Benhabib, Seyla u. a. (Hg.): *Der Streit um Differenz. Feminismus und Postmoderne in der Gegenwart*, Frankfurt am Main 1995

Blumenberg, Hans: *Arbeit am Mythos*, Frankfurt am Main 2006

– »Ausblick auf eine Theorie der Unbegrifflichkeit«. In: Ders.: *Ästhetische und metaphorologische Schriften*, Auswahl und Nachwort von Anselm Haverkamp, Frankfurt am Main 2001, S. 193–209

Bourdieu, Pierre: *Zur Soziologie der symbolischen Formen*, aus dem Französischen von Wolfgang Fietkau, Frankfurt am Main 1974

Brecht, Bertolt: *Werke. Große kommentierte Berliner und Frankfurter Ausgabe*, Hg. Werner Hecht u. a. Frankfurt am Main 1988 ff. (Angegeben als *GBA*)

Butler, Judith: *Körper von Gewicht. Die diskursiven Grenzen des Geschlechts*, aus dem Amerikanischen von Karin Wördemann. Frankfurt am Main 1997

– *Das Unbehagen der Geschlechter*, aus dem Amerikanischen von Kathrina Menke, Frankfurt am Main 1990

Davis, Angela: *Rassismus, Sexismus und Klassenkampf*, übersetzt von Erika Stöppler, Münster 2022

Debord, Guy: *Die Gesellschaft des Spektakels*, aus dem Französischen von Jean-Jacques Raspaud, Berlin 2013

Demirović, Alexander: »Freiheit oder Die Dekonstruktion des Politischen. Ein Plädoyer für Kritik«. In: *Postmoderne und Politik*, Hg. Jutta Georg-Lauer, Tübingen 1992

Denningmann, Marlene: *Eine gewisse Liebe zur Symmetrie*, http://www.marlenedenningmann.de/portfolio/eine-gewisse-liebe-zur-symmetrie/, 2019

Diederichsen, Diedrich: *Über Pop-Musik*, 2. Auflage, Köln 2014

Flaßpöhler, Svenja: *Die potente Frau. Für eine neue Weiblichkeit*, 5. Auflage, Berlin 2018

Georg-Lauer, Jutta: »Frauen leben länger, aber wovon? Postmoderne und Feminismus«. In: *Postmoderne und Politik*, Hg. Dies., Tübingen 1992

Greer, Germaine: *On Rape*, London u. a. 2018

Hirsch, Michael: »Der symbolische Primat des Politischen und seine Kritik«. In: *Das Politische und die Politik*, Hg. Thomas Bedorf, Kurt Röttgers, Frankfurt am Main 2010, S. 335–363 hooks, bell: *Die Bedeutung von Klasse*, aus dem amerikanischen Englisch von Jessica Yawa Agoku, Münster 2021

Konersmann, Ralf: »Kultur als Metapher«. In: *Kulturphilosophie*, Hg. Ders., Leipzig 1996

– *Welt ohne Maß*, Frankfurt am Main 2021

Körner, Torsten: *Die Unbeugsamen*, Broadview Pictures in Kooperation mit ZDF/3sat, Köln 2021

Ließmann, Konrad Paul: *Das Universum der Dinge. Zur Ästhetik des Alltäglichen*, Wien 2010

Lukács, Georg: *Geschichte und Klassenbewusstsein*, Bielefeld 2023

Marx, Karl: *Der achtzehnte Brumaire des Louis Bonaparte*. In: *Marx-Engels-Werke*, Hg. Institut für Marxismus-Leninismus beim ZK der SED, Bd. 8, Berlin 1960

– *Das Kapital. Kritik der politischen Ökonomie Bd. I*, In: *Marx-Engels-Werke*, Hg. Institut für Marxismus-Leninismus beim ZK der SED, Bd. 23, Berlin 1960

MiiMii: *Meine Entschuldigung an ApoRed 10*, https://www.youtube.com/watch?v=gbAvV5wFDGk

Nietzsche, Friedrich: *Die fröhliche Wissenschaft*. In: Kritische Studienausgabe, Hg. Giorgio Colli und Mazzino Montinari, Bd. 3, 9. Auflage, München 2015

– *Jenseits von Gut und Böse. Zur Genealogie der Moral.* In: Kritische Studienausgabe, Hg. Giorgio Colli und Mazzino Montinari. Bd. 5. 14. Auflage, München 2014

Piaseki, Stefan: »›Schubs mich nicht.‹ Nudging als politisches Gestaltungsmittel«, https://www.bpb.de/lernen/digitale-bildung/werkstatt/258946/schubs-mich-nicht-nudging-als-politisches-gestaltungsmittel/

Pittelkow, Sebastian; Kuch, Elena; Mitzkat, Nadja; Drepper, Daniel: *Rammstein. Row Zero*, NDR 2024

Pusch, Carina: *Ich habe ApoRed verklagt und gewonnen!* https://www.youtube.com/watch?v=ErX0LzkicXw

Rancière, Jacques: *Der emanzipierte Zuschauer*, aus dem Französischen von Richard Steurer-Boulard, 2. Auflage, Wien 2015

– *Das Unvernehmen. Politik und Philosophie*, aus dem Französischen von Richard Steurer, 7. Auflage, Frankfurt am Main 2018

Reichert, Melanie: *Kultur in Stücken. Barthes, Brecht, Artaud*, Bielefeld 2020

Reid, Colette und Bunch, Charlotte: *Revolution begins at home*, zit. nach bell hooks, *Die Bedeutung von Klasse*, aus dem amerikanischen Englisch von Jessica Yawa Agoku, Münster 2021

Solmecke, Christian: *ApoRed verliert vor Gericht: Carina Pusch gewinnt im #MeToo-Skandal*, https://www.youtube.com/watch?v=fQWR4ZdU4sw

Simmel, Georg: »Der Begriff und die Tragödie der Kultur«. In: Ders.: *Gesamtausgabe Bd. 14*, Hg. Rüdiger Kramme und Otthein Rammstedt, Frankfurt am Main 1996, S. 194–223

Srinivasan, Amia: *The Right to Sex*, London 2021

Ullrich, Wolfgang: *Wahre Meisterwerte. Stilkritik einer neuen Bekenntniskultur*, Berlin 2017

Weber, Max: *Politik als Beruf*, Stuttgart 2019

Zanichelli, Elena: »Einleitung. Ein feministisches Glossar, oder: Getting the #feminism you deserve«. In: *FKW // Zeitschrift für Geschlechterforschung und visuelle Kultur*, Nr. 70, 2022

Links: https://www.lmz-bw.de/medienbildung/themen-von-f-bis-z/hatespeech-und-fake-news/fake-news/filterblasen-wenn-man-nur-das-gezeigt-bekommt-was-man-eh-schon-kennt/#c37831

– https://www.berlin.de/generalstaatsanwaltschaft/presse/pressemitteilungen/2023/pressemitteilung.1360122.php

– https://www.dior.com/de_de/fashion/products/213T03TA001_X0200-we-should-all-be-feminists-t-shirt-baumwolljersey-und-leinen-in-weiss

– https://www.wholesale7.net/blog/8-ways-to-wear-your-t-shirts-in-chic-style/

- https://www.t-online.de/region/berlin/id_100221296/till-lindemann-einbruch-bei-rammstein-saenger-er-hat-dazu-eingeladen-.html

- https://www.etsy.com/de/listing/728403077/boss-babe-starbucks-cup-frauen

- https://shop.katjes.de/products/sheroes-mix?gclid=EAIaIQobChMIx8vZg43h-AIVAZBoCR3PNgKMEAAYAiAAEgIkR_D_BwE#more

- https://www.loreal-paris.de/50-jahre-weil-wir-es-uns-wert-sind

- https://www.destatis.de/DE/Service/Statistik-Campus/Datenreport/Downloads/datenreport-2021-kap-11.pdf?__blob=publicationFile

- https://www.tag24.de/unterhaltung/promis/till-lindemann/till-lindemann-nach-einbruch-verspottet-haette-einfach-laut-und-deutlich-nein-sagen-sollen-2916910

- https://www.instagram.com/p/CvmeYNaI8fx/?utm_source=ig_embed&ig_rid=035d468a-9512-4e43-9eb2-fa878b090742&img_index=3

- https://media.allure.com/photos/58b61a6592c932531c4a73a5/4:3/w_2983,h_2237,c_limit/GettyImages-611641446.jpg

- https://www.campdavid-soccx.de/herren

Raum für Notizen